Para

com votos de paz.

DIVALDO FRANCO

Pelo Espírito MANOEL PHILOMENO DE MIRANDA

REENCONTRO

COM A VIDA

Salvador
1. ed. - 2023

COPYRIGHT © (2006)
CENTRO ESPÍRITA CAMINHO DA REDENÇÃO
Rua Jayme Vieira Lima, 104
Pau da Lima, Salvador, BA.
CEP 412350-000
SITE: https://mansaodocaminho.com.br
EDIÇÃO: 1. ed. (3ª reimpressão) – 2023
TIRAGEM: 1.000 exemplares (milheiro 22.000)
COORDENAÇÃO EDITORIAL
Lívia Maria C. Sousa

REVISÃO
Luciano de Castilho Urpia
CAPA
Cláudio Urpia
MONTAGEM DE CAPA
Ailton Bosco
EDITORAÇÃO ELETRÔNICA
Ailton Bosco
COEDIÇÃO E PUBLICAÇÃO
Instituto Beneficente Boa Nova

PRODUÇÃO GRÁFICA
LIVRARIA ESPÍRITA ALVORADA EDITORA – LEAL
E-mail: editora.leal@cecr.com.br
DISTRIBUIÇÃO
INSTITUTO BENEFICENTE BOA NOVA
Av. Porto Ferreira, 1031, Parque Iracema. CEP 15809-020
Catanduva-SP.
Contatos: (17) 3531-4444 | (17) 99777-7413 (WhatsApp)
E-mail: boanova@boanova.net
Vendas on-line: https://www.livrarialeal.com.br

Dados Internacionais de Catalogação na Publicação (CIP)
(Catalogação na fonte)
BIBLIOTECA JOANNA DE ÂNGELIS

F825   FRANCO, Divaldo Pereira. (1927)

           Reencontro com a vida. 1. ed. / Pelo Espírito Manoel Philomeno de Miranda[psicografado por] Divaldo Pereira Franco, Salvador: LEAL, 2023.
           296 p.
           ISBN: 978-85-7347-166-2

           1. Espiritismo 2. Psicografia 3. Reflexões morais
           I. Franco, Divaldo II. Título

CDD: 133.93

Bibliotecária responsável: Maria Suely de Castro Martins – CRB-5/509

DIREITOS RESERVADOS: todos os direitos de reprodução, cópia, comunicação ao público e exploração econômica desta obra estão reservados, única e exclusivamente, para o Centro Espírita Caminho da Redenção. Proibida a sua reprodução parcial ou total, por qualquer meio, sem expressa autorização, nos termos da Lei 9.610/98.
Impresso no Brasil | Presita en Brazilo

Sumário

1ª Parte

Reencontro com a vida — 7

1. Induções hipnóticas obsessivas — 19
2. Perturbações psicológicas — 27
3. Toxicodependência — 33
4. Exorcismo inútil — 41
5. Obsessão, idiotia e loucura — 49
6. Terapia desobsessiva — 57
7. Sintonia elevada — 65
8. Sintomas de mediunidade — 71
9. Limpeza psíquica — 79
10. O purgatório — 87
11. O poder da oração — 95
12. Morrer e desencarnar — 101
13. O Mundo espiritual — 109
14. Vida social do Além-túmulo — 117
15. O País dos sonhos — 123
16. Espairecimentos espirituais — 129
17. Atividades espirituais — 135

18. Sessões espíritas mediúnicas — 141
19. Esponsalício espiritual — 149
20. Programa reencarnatório — 157
21. Despertamento espiritual — 165
22. Despertar da consciência no Além-túmulo — 173
23. Sintonia espiritual — 181
24. Perversidade e suicídio — 191
25. Consciência de culpa — 201
26. Obsessão coletiva nas sessões mediúnicas — 211

2ª PARTE

1. Preparação para a morte — 219
2. Sutilezas da obsessão — 229
3. Autoconsciência e auto-obsessão — 241
4. Viagem equivocada — 249
5. Mundos e cárceres — 259
6. A cura das obsessões — 267
7. Armadilhas perigosas — 275
8. O despertar para a realidade — 285

Reencontro com a Vida

A todo instante a morte ceifa multidões, que viajam na direção do Mais-além desequipadas espiritualmente, para o grande encontro com a consciência.

Partem dos pequenos burgos, assim como das megalópoles famosas, após enfermidades degenerativas dolorosas ou, repentinamente, por intermédio de acidentes ou de fenômenos sísmicos, vitimadas pela violência urbana ou generalizada em guerras, revoluções, atos de terrorismo, suicídios vergonhosos, epidemias...

A morte a nada e a ninguém poupa, desde que se trate de ser senciente, trabalhando pela renovação do orbe terrestre e da sua humanidade, num mecanismo que parece aleatório, mas obedecendo a Leis Soberanas ligadas ao progresso e às transformações que se devem operar sem solução de continuidade.

O seu gume ceifa a vida na câmara uterina e na senectude humana, na infância rósea e na idade adulta, na juventude risonha e na quadra hibernal, muitas vezes conduzindo sadios e deixando enfermos, preferindo ricos e poderosos em detrimento de pobres e escravos, em aparente paradoxo, sem interrupção.

Detestada por uns e anelada por outros, realiza o seu mister, gerando sofrimentos e deixando um rastro de amargura *depois que passa, ou atendendo aos apelos desesperados daqueles que se entregam às alucinações, sempre incorruptível, num incessante operar.*

Considerada como um dos misterios *da vida, silenciosamente faz que a mitológica* barca de Caronte *conduza os viajantes para o outro lado do* Estige *da existência física.*

Menosprezada por muitos indivíduos e não poucas vezes ridicularizada através de sátiras picantes e ofensivas, tanto quanto bem recebida pelos mártires, missionários e santos, é infatigável no ministério difícil que lhe foi concedido pela vida, mas graças à sua função, liberta escravos de pesados grilhões, padecentes de terríveis constrições de dor e desalento, de expiações que parecem não ter fim, tornando-se benfeitora de incontáveis aflições terrestres...

Muitas vezes, anuncia a sua próxima visita, facultando que o viajor prepare-se para a inevitável jornada; aparece também inesperadamente, e sem maior consideração, desde que é de todos sabido que a condição única para morrer é viver na organização biológica.

Ninguém, portanto, que se possa surpreender com a sua presença e arrebatamento, porque todos quando nascem já estão condenados ao seu encontro, devendo estar preparados para o momento que chegará.

No seu afã de desincumbir-se do dever, inspira amor e compaixão, mas oferece também saudade e agonia, que fazem parte do processo humano existencial.

Nunca se entibia ou receia executar a tarefa que lhe foi confiada, comportando-se serenamente e despida de atavios e ilusões. Aliás, é a grande mensageira da Realidade que vence as fantasias e as quimeras, convidando às reflexões profundas do pensamento e do sentimento.

Morrer, no entanto, não significa extinguir-se, senão transferir-se de uma situação vibratória para outra mais pujante e grandiosa.

Morte é vida em toda a sua plenitude.

Os aparatos com que a ilusão vestiu o imaginário das pessoas, dão-lhe um significado e apresentação irreais, que devem ser desmistificados, tornando-se um fenômeno natural em torno da organização biológica de todos os seres...

Em injustificáveis mecanismos de fuga em torno da imortalidade, os cultos religiosos criaram toda uma complexa ritualística para iludir os seus fiéis, organizando espetáculos injustificáveis para encobrir o fenômeno mediante comportamentos sociais, extravagantes uns e fúnebres outros, mantendo os equívocos em torno da sobrevivência do Espírito.

Em face de tais condutas, assim como de outras originadas em doutrinas filosóficas e científicas firmadas no materialismo e no hedonismo, os membros dessas multidões avançam pelas sombras do Além-túmulo, sem encontrarem o amanhecer de esperanças, perdendo-se em conflitos prolongados ou não, de acordo com a lucidez mental e a conduta moral que os caracterizaram enquanto no trânsito pelo corpo físico.

A morte é a grande desveladora dos conteúdos morais da criatura humana.

Enquanto se movimenta no castelo celular, o Espírito consegue olvidar compromissos e deveres, mascarar-se com personificações ilusórias e mentirosas, conduzir-se distante dos valores legítimos, ludibriando os outros e a si mesmo, até o momento em que os fatores degenerativos tomam-lhe o corpo, demonstrando-lhe a fragilidade, ou os insucessos inesperados convidam-no à reflexão, de certo modo preparando-o para o retorno ao Grande Lar...

Ninguém se detenha na defensiva enganosa em torno da realidade da vida após o túmulo, porquanto todos a enfrentarão sem qualquer disfarce.

Cada morte, por isso mesmo, é conforme cada existência. Nenhum privilégio a benefício de uns em detrimento de outros.

Morre-se como se vive, despertando-se depois com os recursos próprios que foram armazenados.

Por isso mesmo, nem sempre morrer biologicamente é desencarnar, desembaraçando-se dos liames carnais e libertando-se da argamassa celular.

De igual maneira, como a encarnação e a reencarnação constituem processos demorados de fixação do Espírito no envoltório orgânico, a desencarnação impõe muitos fatores para a liberação desses equipamentos, especialmente de acordo com o uso que lhes foi dado durante o tempo de utilização.

É de bom alvitre, portanto, que todos, homens e mulheres, tenham em mente a presença da morte na sucessão dos dias como ocorrência natural que vem tendo o seu curso e que se completa no instante em que o tronco encefálico deixa de funcionar...

O presente livro foi elaborado de maneira muito especial.

Utilizamo-nos das reuniões mediúnicas de atendimento aos Espíritos em sofrimento, assim como os enlouquecidos pelo ódio em pugnas cruéis de obsessões, no Centro Espírita Caminho da Redenção, em Salvador, Bahia, como em outras cidades onde o médium Divaldo Franco se encontrava em atividade doutrinária, para apresentarmos temas pertinentes ao reencontro com a vida, *abordando, em forma de estudo breve, e até mesmo repetitivo, quais os melhores mecanismos para um despertar feliz no Mais-além e os dramas que têm lugar nas duas esferas que se interpenetram: a espiritual e a material.*

Dividimos o trabalho em duas partes: na primeira, comentamos os temas que consideramos de relevância para o aprendizado do espiritista sincero, e, na segunda, além da página psicografada, convidamos alguns Espíritos a que apresentassem os seus depoimentos pela psicofonia do médium, de forma a corroborar as teses discutidas.

Abnegados amigos espirituais cooperaram conosco, a fim de que pudéssemos contribuir com esta obra destituída de revelações esdrúxulas ou surpreendentes, de forma que, aqueles que a lerem, estejam alerta para o enfrentamento inevitável com a desencarnação.

Ao mesmo tempo, tivemos o cuidado de oferecer respostas aos conflitos humanos, aos transtornos obsessivos, aos dramas de consciência, inspirados pelas fulgurantes lições de Jesus, insertas nos Evangelhos que nos foram legados, e nas incomparáveis informações da Doutrina Espírita, conforme a recebemos do preclaro codificador Allan Kardec, sem qualquer dúvida, o apóstolo da Nova Era.

O labor prolongou-se por vários anos, conforme se pode observar nas datas que encimam as mensagens por nós ditadas, de acordo com as possibilidades que nos eram oferecidas nas circunstâncias apresentadas.

Alguns daqueles Espíritos que apresentaram narração em torno da ocorrência do após morte, já se encontram reencarnados uns e outros estão em processos de reencarnação, retornando ao proscênio terrestre em que se equivocaram, para que o amor luarize as suas angústias e o trabalho dignifique as suas horas do futuro.

A Misericórdia Divina jamais nega ao infrator a bênção do recomeço, a ensancha da reparação, a todos concedendo os mesmos recursos iluminativos e libertadores.

Cada Espírito, porém, é convidado a realizar a sua autoconsciência, a liberar-se da culpa, a ascender, mediante o esforço pessoal, que é intransferível e inadiável.

Não existem milagres que violentem as Leis Naturais, facultando benefícios não merecidos.

Todos alcançam os patamares da evolução através da tenacidade e da luta, nada obstante o auxílio superior que nunca falta, especialmente àquele que se empenha pela autoconquista.

Desse modo, ninguém avança a sós ou se encontra desamparado, mesmo que as circunstâncias aparentemente demonstrem-no ao contrário.

O Amor de Deus está sempre presente em todo o Universo, e carinhosamente, como Pai Amantíssimo, sempre se encontra envolvendo-nos a todos nós sem exceção, mas também sem partidarismo.

A vinda de Jesus à Terra não teve outra, senão a finalidade de viver o amor e ensinar-nos a experienciá-lo como forma única de libertação das más tendências, das heranças grosseiras do processo evolutivo, próprias dos diferentes períodos ora ultrapassados.

Agindo mais do que falando, a Sua é a incomparável mensagem do exemplo, de que ninguém se pode escusar, porque Ele desceu das estrelas para conviver conosco no charco das paixões, sem conspurcar-se, erguendo-nos e compreendendo-nos com inefável compaixão.

É o nosso Modelo e Guia, *que nunca podemos olvidar, por constituir segurança e meio para que alcancemos as cumeadas da libertação.*

❖

Esperando que o nosso esforço encontre ressonância nas mentes e nos corações daqueles que nos honrarem com a sua leitura e atenção, rogamos escusas pela singeleza da obra, agradecendo ao Senhor dos Espíritos *pela elevada honra de encontrar-nos a Seu serviço na Seara de luz.*

Paramirim, Bahia, 14 de julho de 2006.
Manoel Philomeno de Miranda

Primeira Parte

No transcurso da reunião mediúnica da noite de 29 de junho de 2000, enquanto Entidades perversas e técnicas na obsessão eram atendidas, o benfeitor espiritual grafou a mensagem que segue.

1

Induções hipnóticas obsessivas

Ante os processos psicopatológicos que aturdem o ser humano, de forma alguma se podem eliminar os preponderantes fatores cerebrais, especialmente aqueles que afetam os neurotransmissores, facultando a instalação de distúrbios psíquicos de variada catalogação.

Concomitantemente, a terapia especializada que visa a regularizar a produção de moléculas neuroniais, não obstante consiga alcançar os resultados programados, é insuficiente para o completo restabelecimento da saúde mental, noológica e comportamental do indivíduo.

Isto, porque na psicogênese desses processos encontra-se o Espírito, como ser imortal que é, em recuperação de delitos morais perpetrados em existências passadas, que ora lhe cumpre alcançar.

Herdeiro das atitudes desenvolvidas no curso das experiências carnais anteriores, o ser elabora a maquinaria orgânica de que necessita para o desenvolvimento dos compromissos da própria evolução.

Assim sendo, ao iniciar-se o processo da reencarnação, imprime, nos códigos genéticos, as deficiências defluentes da irresponsabilidade, que se apresentarão no futuro, em momento próprio, como descompensação nervosa, carência ou excesso de moléculas neurônicas (neuropeptídeos) responsáveis pelos correspondentes transtornos psicológicos ou de outra natureza.

Além deles, as vítimas espoliadas que a morte não consumiu nem lhes tirou a individualidade, ao identificar aqueles que as infelicitaram, em razão da afinidade vibratória – campo de emoções dilaceradas – são atraídas, e a irradiação inferior do ódio ou do ressentimento, da ira ou da vingança permeia o perispírito do seu antigo algoz, produzindo-lhe inarmonia vibratória, que resulta em perturbação dos sistemas nervosos central e endocrínico, abrindo espaço para a consumação dos funestos planos de vindita.

Simultaneamente, são direcionadas à mente do *hospedeiro físico* induções hipnóticas carregadas de pessimismo e de desconfiança, de inquietação e de mal-estar, que estabelecerão as matrizes de futuras graves obsessões.

Instalada a ideia perturbadora, e a hipnose contínua descarrega ondas mentais nefastas que se mesclam com as do paciente, confundindo-o, desestruturando-o, até o momento em que perde a própria identidade, terminando por ceder área mental ao invasor, que passa a dirigir-lhe o pensamento, a conduta, a existência.

Sob essa nefanda vibração monoideísta, as delicadas células neuroniais captam a energia magnética que as invade, alterando-lhes a produção das moléculas mantenedoras do equilíbrio.

Submetidos aos tratamentos especializados, mas não afastados os agentes parafísicos promotores da desordem vibratória, tendem a permanecer insanos, mesmo que temporariamente experimentem melhoras no quadro enfermiço, tornando-se crônico o distúrbio.

Somente quando houver uma alteração do comportamento mental e moral do enfermo, direcionado para o amor, para o bem, conseguindo sensibilizar aqueles que estejam na condição de perseguidores, é que ocorrerá a recuperação que os medicamentos auxiliam na reorganização dos equipamentos cerebrais.

Porque se trate de esforço de alta magnitude, a maioria dos doentes, além de estar aturdida pela *consciência de culpa*, embora sem identificar a causa, raramente se dispõe a esse magno empenho que, por outro lado, atrairia a atenção e o concurso edificante dos bons Espíritos, que iriam trabalhar para que fossem neutralizadas e mesmo eliminadas as energias deletérias absorvidas do *hóspede* indesejado.

A reencarnação é oportunidade de incomparável significado para o Espírito que delinquiu, que se evade da responsabilidade, que se anestesia no prazer ou se homizia na inutilidade.

O conhecimento dos objetivos existenciais do ponto de vista espiritual constitui recurso valioso e educativo para o reequilíbrio e a identificação com a Consciência Cósmica libertadora.

Sucede, no entanto, que a indolência mental e a rebeldia moral, o pessimismo e o ressentimento facilmente se instalam no pensamento e na conduta humanos, dificultando a aquisição real da saúde mental e física.

Por isso, a hipnose espiritual obsessiva arrasta multidões de pacientes voluntários aos porões da depressão, do distúrbio do pânico, da cleptomania, do exibicionismo, dos transtornos compulsivos, da esquizofrenia, ou produz mutilados emocionais, hebetados mentais, sonâmbulos espirituais em triste espetáculo no proscênio terrestre, que ascende com as conquistas da Ciência e da Tecnologia, mas se demora nos pauis das paixões morais asselvajadas e das alucinações do insensato e perverso comportamento humano.

É muito maior o número de hipnotizados espirituais do que se pode imaginar.

Deambulam de um para outro lado, transitam quase sem rumo entre esculápios e psicoterapeutas, na busca de soluções químicas ou mágicas, sem o esforço moral em favor de uma introspecção profunda, para se poderem autolibertar ou serem liberados...

Aos bandos, homens e mulheres, vitimados por induções hipnóticas impiedosas, atiram-se nas loucuras das drogas químicas e degenerativas, nas frustrações excêntricas, na violência quase insuportável, desejando fugir, sem identificarem a força mental que os vilipendia, consumindo-os e asselvajando-os.

Jesus, para esses insensatos, prossegue sendo uma figura mítica, como inspirador de novas bacantes, que alguns desses telementalizados por diversas dessas modernas *Fúrias* usam para atrair incautos, divertidos irresponsáveis e buscadores incessantes de novos prazeres...

A humildade, o amor, o perdão, a caridade tornam-se para tais aficionados da coletiva obsessão, expressões de impacto verbal e sem sentido para a ação real, não poucas vezes, levadas ao ridículo.

Torna-se urgente uma releitura do Evangelho de Jesus e a sua imediata aplicação como terapêutica valiosa para reverter a paisagem sofrida e triste da Humanidade contemporânea.

Ao tentá-lo, uma outra forma de hipnose se apresentará: aquela fomentada pelos mensageiros da Luz, induzindo as criaturas ao bem, à paz, à felicidade.

Há permanente intercâmbio psíquico entre os seres humanos e os Espíritos, cada qual, porém, sintonizando na faixa correspondente às aspirações cultivadas e aos sentimentos mantidos.

As atividades mediúnicas eram muito complexas na noite de 3 de julho de 2000, em razão da terapia espiritual para portadores de transtornos psicológicos e obsessões, quando o mentor dos trabalhos escreveu a seguinte mensagem.

2

Perturbações Psicológicas

A sociedade contemporânea, rica de cultura e assinalada por tecnologia de ponta, apresenta-se pobre de sentimentos morais elevados e de conhecimentos espirituais libertadores.

Toda a conjuntura vigente e discurso comportamental apresentado são estabelecidos pelos ditames do hedonismo feroz que derrapa, não poucas vezes, na crueldade alucinada.

Fosse diferente, a situação e os crimes hediondos como a violência, a guerra, o aborto, o suicídio, a pena capital, os vazios existenciais e outros teriam cedido lugar à paz, à fraternidade, ao auxílio recíproco, à vida em todas as suas expressões, propiciando clima espiritual de entendimento e compreensão dos problemas humanos.

Sucede que o espiritualismo dogmático ancestral, sem possibilidades de iluminar as mentes e de dulcificar os corações com informações claras e lógicas sobre a realidade do ser e da vida fora da matéria, perdeu a vitalidade, mantendo-se como formalismos sociais e mecanismos de evasão, promovendo o personalismo de alguns indivíduos a prejuízo do esclarecimento indispensável das massas.

Não mais inspirando respeito pelo temor, em razão das aberturas e facilidades para o prazer, lentamente anui com as doutrinas políticas e econômicas dominantes, conforme ocorreu no passado, distanciando-se dos objetivos que parecia perseguir.

A sede insaciável de gozo e os apelos desenfreados sugeridos pela mídia, exclusivamente para os apetites sensuais e as concessões permitidas pelo poder, desvairam, levando multidões ao desenfreio, para logo tombarem em perturbação, em letargia, em depressão...

Compunge acompanhar-se a marcha crescente da pobreza moral, expressando-se na miséria econômica, social e espiritual, dizimando ideais de enobrecimento e pessoas desequipadas de harmonia interior, que lhe tombam nas malhas sem cessar.

A falência da fé religiosa é evidente ante a predominância dos interesses e arrastamentos mundanos, em uma torpe ilusão de perenidade do corpo e dos seus equipamentos.

Tornando a enfermidade, a morte, os insucessos e prejuízos, figuras remotas de aparecer no palco da existência física, excluiu-se a realidade do comportamento existencial com promessas de prazeres inexauríveis, que o tempo, no entanto, consome, cedendo lugar às provações rudes e às dores acerbas.

Esse tipo de cultura voltada para o corpo e para o gozo material, constitui cruel engodo que o pensamento utilitarista dissemina, para distrair as mentes e dominá-las, deixando-as vazias e perturbadas.

É natural que a ânsia advinda pelo terrível desejo de cada qual afirmar-se pela posse, pelo exterior, frustre e faça estertorar aqueles que se afadigam pelo conseguir, e, ante a impossibilidade de o alcançarem, revoltam-se ou entregam-se ao desencanto, que igualmente assinala estes dias com solidão, desconfiança, ressentimento e amargura.

Instalam-se, então, distúrbios psicológicos que lentamente vencem a sociedade, que mergulha no uso de drogas químicas variadas, ora com finalidade terapêutica, momentos outros como fuga infeliz, gerando-se sonâmbulos telementalizados e conduzidos por outras mentes desvinculadas do corpo que pululam fora do mundo físico, na dimensão espiritual.

Distúrbios psicológicos avolumam-se nos grupos sociais, decorrentes dos fenômenos endógenos e exógenos, favorecendo a instalação de obsessões, a princípio sutis, depois graves no seu conteúdo psíquico pernicioso.

É muito fácil, no entanto, reverter o quadro, mediante a mudança cultural e moral dos indivíduos, voltando-se para os valores do Espírito e da sua imortalidade, sem qualquer prejuízo para a vida física, antes concedendo-lhe qualidade, meta e meios adequados para torná-la feliz.

Em todos os tempos, missionários do bem e apóstolos do amor mergulharam na névoa carnal, convidando a sociedade à reflexão, ao equilíbrio, à morigeração dos costumes primitivos e à ação meritória por cuja dieta se tornaria factível a sintonia com a *realidade*, com a *vida*.

Esquecidos ou desconsiderados, ignorados ou perseguidos, conseguiram, não obstante, desincumbir-se da missão a que se afeiçoaram, mas os frutos que ofereceram não se fizeram expressivos, a ponto de sensibilizar aqueles aos quais foram doados.

Os apetites desenfreados vêm impulsionando os seres em detrimento das lúcidas conquistas da razão.

Entrementes, as comunicações mediúnicas fazem-se ostensivas neste momento e multiplicam-se em toda parte como estratagema do Mundo espiritual, a fim de despertar aqueles que se encontram anestesiados, enfermos ou perturbados, para que se libertem desses transtornos psicológicos e dos desaires morais, conseguindo renovação interior e saúde para recomporem a existência ameaçada.

A hora é grave, estando a exigir decisões coerentes e seguras para a instalação do *Reino de Deus* nos corações, iluminando as consciências com as notícias da Vida espiritual e sua causalidade.

Neste pandemônio de perturbações de toda ordem, que decorrem da psicológica, faz-se inadiável a mais ampla divulgação do Espiritismo e de suas libertadoras propostas de lógica para contrabalançar a força ciclópica do materialismo que domina a sociedade.

Ampliar as informações sobre a Espiritualidade e a Erraticidade, sobre a *Lei de Causa e Efeito*, é dever de todos aqueles que já despertaram para Jesus e a própria consciência, assim contribuindo em favor da Humanidade e do seu próximo vencido pelas perturbações psicológicas ampliadas pelas obsessões.

Ninguém, que se possa escusar desse dever de solidariedade humana e de conscientização dos próprios deveres ante a Vida e Deus. Em assim procedendo, estará desincumbindo-se do dever de consciência, auxiliando hoje, conforme foi auxiliado oportunamente, quando de alguma forma se encontrava em situação semelhante.

Na noite de 23 de abril de 2001, na cidade de Quarteira, Algarve, Portugal, realizávamos o Estudo do Evangelho no Lar, encontrando-se presente um casal cujo filho enveredara pela dependência química. Durante os comentários esclarecedores em torno da página lida, o benfeitor escreveu a seguinte mensagem.

3

Toxicodependência

Remanescendo dos hábitos primários com predominância em indivíduos de constituição emocional frágil, o uso de substâncias psicoativas vem conduzindo larga faixa da Humanidade à toxicodependência.

Desfilam como fantasmas truanescos e atormentados os usuários do álcool, do tabaco e das drogas químicas que ameaçam o equilíbrio psicossocial dos grupos terrestres, devorados pela insensatez de traficantes perversos e criminosos que amealham fortunas ignóbeis através do arrebanhamento de multidões de enfermos da alma que lhes tombam nas armadilhas cruéis.

A desvalorização da vida, em face do hedonismo que viceja em quase todos os setores dos grupamentos sociais com a exaltação do sexo aviltado, constitui estímulo para as fugas espetaculares da realidade na direção do aniquilamento orgânico em vã expectativa de extinção do corpo.

As grandiosas contribuições do pensamento exteriorizado nas nobres realizações da Ciência e da tecnologia, fomentaram também a corrida desenfreada pelo conforto excessivo e pelo poder irresponsável, na louca tentativa de possuir-se em abundância, para bem desfrutar-se com ganância.

Essa aspiração, que poderia ser valiosa se pautada em linhas de equilíbrio moral, normalmente empurra o ser para a competição alucinada, destruindo o sentido ético da existência humana pela volúpia do gozo da glória terrena.

Por consequência, o egoísmo solapa os ideais de fraternidade e de ventura coletiva, trabalhando em favor da individualização, ora muito bem vivenciada nas viagens, visitas e convivência virtuais, que vêm afastando as criaturas umas das outras mediante o relacionamento computadorizado, longe do calor das comunicações interpessoais, ricas de contato sensorial vitalizador.

De outra forma, as famílias, mergulhadas no torvelinho dos interesses externos, desestruturam-se, e os filhos são entregues a babás humanas ou eletrônicas, quando deveriam conviver com os pais e com eles haurir emoções de segurança propiciadas pelo amor, gerando responsabilidade e dever, que são essenciais para o respeito pela própria existência e a vida em todas as suas variadas expressões.

A ausência da ternura no lar e a permanência dos conflitos nos relacionamentos dos adultos oferecem à criança e ao jovem uma visão deformada da realidade, que passa a representar, no seu interior, um processo que deveria ser de segura formação psicológica, tornando-se um desafio que apavora e gera instabilidade, assim contribuindo para o favorecimento das fugas espetaculares para os vícios de toda natureza, quais a toxicodependência, o alcoolismo, o jogo de azar, conduzindo, não poucas vezes, ao suicídio e a outros comportamentos antissociais aberrantes e criminosos.

Não é, pois, de estranhar, quando crianças e jovens utilizam-se dos instrumentos de destruição para assassinar colegas e mestres, ou quando adultos e adolescentes se armam para extermínios seriais, mais aumentando as estatísticas de pavor e de degradação humana.

A insegurança, portanto, que se deriva do abandono a que se veem relegadas as gerações novas, o desinteresse com que são toleradas, a irritação que provocam nos adultos imaturos e egotistas, que experienciam momentos de emotividade piegas, tentando diminuir o impacto negativo dos seus comportamentos através de doações de coisas e caprichos, tornam difícil o amadurecimento psicológico dessas crianças e jovens, que se sentem atirados ao sorvedouro da insensatez generalizada.

Concomitantemente, a má orientação escolar, pela falta de uma educação baseada em valores humanos e espirituais, apresentada por professores igualmente conflitivos e atormentados, torna-se porta de acesso ao desespero e à consequente queda no abismo da viciação.

É certo que existem incontáveis exceções, nas quais se apresentam pais e educadores, homens e mulheres nobres, mas sem uma conscientização geral que envolva autoridades, famílias e cidadãos na questão momentosa da prevenção das drogas, o problema visto pelo ângulo da repressão inconsequente, que somente pune os pequenos traficantes, ameaçando os usuários em desequilíbrio, sem alcançar os poderosos cartéis espalhados pelo mundo, de maneira alguma poderá modificar a gravidade do desafio, nem sequer lhe diminuindo os excessos ou evitando-lhe a dominação.

Todos os indivíduos inseguros e conflituosos são vítimas em potencial do uso e do tráfico de drogas que se encontram ao alcance de quantos desejem usá-las.

Por outro lado, a facilidade com que se vendem produtos farmacêuticos geradores de dependência química e propiciadores de transes alucinógenos ou de sensações de aparente paz, de relaxamento, torna-se também estímulo poderoso para iniciações perigosas que terminam em abuso de substâncias destrutivas dos neurônios cerebrais e responsáveis por outros danos orgânicos irreparáveis e de alta essencialidade para a existência do ser.

Torna-se urgente uma política séria sobre as drogas químicas, a fim de ser corrigida e mesmo evitada a drogadição e criados centros reeducativos para seus dependentes, através dos quais haja seriedade no estudo, análise e aplicação dos esquemas de educação para a infância e a adolescência, ao lado de confiável compromisso familiar no que diz respeito à estruturação psicológica do educando.

A criança e o jovem, não obstante a aparência de fragilidade e a inocência ante as experiências atuais, são Espíritos vividos e portadores de largo patrimônio de conquistas positivas e negativas que lhes exornam a personalidade, facilmente despertáveis de acordo com os estímulos externos que lhes sejam apresentados. Eis por que os valores morais e éticos, quando cultivados, oferecem seguras diretrizes para o equilíbrio e a existência saudável, tornando-se antídoto valioso para o enfrentamento do *perigo das drogas*.

Somando-se a esses fatores externos os compromissos espirituais de cada criatura, não se pode negar a preponderância da interferência dos Espíritos desencarnados na conduta dos homens terrestres. Conforme a *Lei de Afinidade e de Sintonia*, ocorrem as vinculações naturais, quando não de caráter recuperador em razão de antigos débitos para com aqueles que se sentem prejudicados ou que foram vitimados pela incúria e perversidade de quem os afligiu e infelicitou.

Nesse comenos, no período da iniciação ou mesmo antes dela, instalam-se as obsessões simples, que se convertem em problemas graves, derrapando para subjugações cruéis, nas quais *hóspede* e *hospedeiro* interdependem-se na usança das drogas devastadoras.

Quase sempre, após instalada a obsessão desse porte, o Espírito perturbador passa a experimentar o prazer gerador do vício, especialmente se antes da desencarnação esteve sob o jugo da infeliz conduta. Havendo desencarnado, mas não sucumbindo ante o tacape da morte, busca desesperado dar prosseguimento ao hábito doentio, sintonizando com personalidades fragilizadas e inseguras, levando-as à degradante toxicodependência.

A oração, as leituras edificantes, as conversações saudáveis, ao lado da terapêutica especializada, devem ser movimentadas para a recuperação do paciente e a sua entrega a Deus mediante os bons pensamentos e as ações relevantes, que constituem recurso precioso para a terapia preventiva, assim como para a curadora.

Após a conferência realizada na cidade de Milão, na Itália, na noite de 2 de junho de 2001, a conversação se deteve na questão do exorcismo então em voga naquele país. Logo depois, o amigo espiritual grafou a página que segue.

4

Exorcismo inútil

O quase total desconhecimento da Vida espiritual ou a ignorância a seu respeito respondem pelas estranhas práticas do exorcismo desde recuadas épocas.

A presunção e a vacuidade das pessoas que se acreditam credenciadas para impor a sua falsa autoridade sobre outrem fazem que transfiram o mesmo sentimento para os Espíritos sofredores ou perversos que investem contra aqueles a quem afligem com insistente crueldade.

A obsessão é resultado do intercâmbio psíquico, emocional ou físico entre dois seres que se amam ou que se detestam.

Na raiz do fenômeno turbulento encontram-se os componentes da identificação vibratória que faculta o processo perturbador.

Aquele que se sentiu enganado ou traído, vitimado pelo seu opositor, busca retribuir o mal que lhe sofreu, impondo-lhe a crueldade da perseguição sem quartel procedente do Mundo espiritual onde hoje se encontra.

Dispondo de maior campo de compreensão mental e de técnicas sofisticadas para impor a sua vontade sobre aquele a quem detesta e deseja martirizar, estabelece o intercâmbio nefasto, que culmina com a instalação dos distúrbios, que se convertem em sofrimento de breve ou longo curso, sempre, porém, afligentes.

Outras vezes, são vinculações amorosas de qualidade inferior, nas quais ambos os cômpares intercambiam sentimentos vulgares, que os levam a uma convivência mental de torpes satisfações ou de desejos inconfessáveis, que a morte de um deles não mais permite realizar-se.

A obsessão somente se instala porque há receptividade do paciente que lhe tomba nas malhas constritoras.

Qualquer tentativa de tratamento deverá iniciar-se pelo conhecimento das razões que desencadearam o acontecimento infeliz. Como não há razão para alguém impor a sua vontade sobre a de outrem, particularmente no que diz respeito às ingratas obsessões, também a ninguém é facultado o direito de afligir o seu próximo sem incorrer em penalidade que a si mesmo se impõe, em face das Soberanas Leis que estabelecem o respeito à vida de todos.

A imprudência e as paixões que predominam em a natureza humana levam o ser a tresvariar no cumprimento dos seus deveres, transformando-se em insensato inimigo do seu companheiro de jornada, que então lhe sofre a crueza ou a perseguição sistemática, afligindo-o, gerando-lhe situações embaraçosas mediante as quais se sente feliz...

Essa conduta nefasta, que muitas vezes passa desconhecida pela vítima, após o decesso tumular, mediante processos de sintonia e afinidade, vincula-a ao seu algoz, que passa a entender o que lhe ocorrera e, não possuindo valores éticos e morais satisfatórios para compreender e perdoar, toma a clava da justiça nas mãos e se acredita com o direito de desforçar-se naquele que o infelicitou. Tivesse outro conhecimento da vida, das suas leis e da Justiça Divina, que jamais se engana ou desvia, e se apoiaria no olvido do mal para tornar-se feliz, liberando-se mentalmente de quem o haja atormentado e sido responsável pela sua desdita.

A inferioridade moral da vítima, no entanto, qualidade essa peculiar à maioria dos temperamentos humanos, impõe a vingança como o melhor mecanismo para cobrar o mal que padeceu, tornando-se, por sua vez, o perseguidor, quando poderia continuar sendo credora de respeito pela sua situação de mérito.

Assim sendo, a prática do exorcismo redunda inútil, particularmente no que tange aos chamados *gestos sacramentais* e às *palavras cabalísticas*, que produzem zombaria nos Espíritos perseguidores, tanto quanto nos galhofeiros, que se comprazem acompanhando o ridículo daqueles que pretendem expulsá-los com comportamentos esdrúxulos, sem qualquer requisito moral que os credencie à terapêutica curativa.

Quando ocorrem resultados positivos no tratamento de obsessos por meio desse recurso, defrontam-se as qualidades espirituais do terapeuta, e não os comportamentos estranhos que se permite, porquanto somente as energias elevadas, que decorrem das condutas moral e mental, podem afastar os Espíritos infelizes daqueles que lhes padecem a injunção penosa. Apesar disso, para que o processo curativo se dê corretamente, são indispensáveis a transformação ética do paciente, as suas atividades de beneficência e de fraternidade, o compromisso com o amor e a oração, a fim de revestir-se de valores elevados que lhe facultem a sintonia com outras faixas vibratórias, evitando a urdidura de novas perturbações.

Eis por que, no tratamento das obsessões, o diálogo com o enfermo espiritual se torna essencial, a fim de elucidá-lo quanto ao mal que executa, quando poderia ser feliz liberando o seu opositor e entregando-o à própria e à Consciência Divina.

Prosseguindo na obstinação de fazer o mal a quem o prejudicou, permanece sofrendo, desse modo, afligindo-se sem cessar, quando tem o direito a desfrutar de paz e de renovação, já que todos rumamos para a felicidade que nos está destinada.

O processo de iluminação interior é a meta fundamental de todas as ocorrências espirituais, por proporcionar direcionamento saudável e equilibrado a quem experimenta infortúnio, resvalando pelas rampas do ódio e das paixões mais primitivas.

Quando Jesus exortava os *Espíritos imundos* e *Legião* a que abandonassem aqueles a quem atormentavam, havia no Mestre a energia libertadora que interrompe o fluxo da obsessão. Ademais, sabia o Senhor quando se encerrava o débito do antigo algoz, liberando-o do prosseguimento na dor. Por sua vez, as Entidades infelizes viam-nO aureolado de luz e tocavam-se ante a Sua irradiação, alterando a conduta e descobrindo a necessidade de mudança de comportamento.

Através dos tempos, alguns seguidores da doutrina cristã, enfrentando os Espíritos doentes e vingativos, tentaram repetir as façanhas do Nazareno, muito distantes, porém, das qualidades vibratórias indispensáveis para o cometimento superior, fracassando de imediato nos objetivos. E quando isso acontecia, sem possuírem resistências psíquicas próprias, irritavam-se, passando a exigências descabidas, quando não se entregavam a gritarias e pugnas verbais injustificáveis com os obsessores, que mais se fortaleciam nos combates estabelecidos.

Com o conhecimento do Espiritismo, graças às seguras informações fornecidas pelos próprios desencarnados, puderam-se descobrir as saudáveis terapias para atendimento das obsessões e das suas vítimas, atendendo-se não apenas ao encarnado, mas também ao irmão que sofre além da cortina carnal, que lhe padeceu a injunção perversa e ainda continua experimentando dissabores e amarguras.

A criatura humana, sedenta sempre de novidades, sofrendo as consequências da conduta arbitrária, derrapa em profundos fossos de obsessões na atualidade, mas desejando receber ajuda sem maior esforço, adere aos processos de exorcismos, em cenas grotescas de debates entre os presunçosos terapeutas e os Espíritos, provocando admiração e crescente fascínio. Sucede que, em muitos casos, aqueles que aturdem os imprevidentes, a fim de retornarem à carga posteriormente, fingem-se de modificados e arrependidos do mal que estão praticando, e abandonam o seu parceiro espiritual, apenas por algum tempo, volvendo depois com maior soma de aflição e de rebeldia.

Em quaisquer situações de enfermidades espirituais as condutas terapêuticas a adotar-se são a da compaixão e da caridade, do amor e do perdão em relação à vítima, assim como ao seu perseguidor, ambos incursos nos mesmos Soberanos Códigos da Vida, dos quais ninguém consegue fugir.

A reunião mediúnica processava-se em clima de consolo aos desencarnados que ainda se mantinham sob os efeitos dos transtornos e distúrbios mentais e emocionais da existência terrestre, na noite de 8 de junho de 2001, em Londres, Inglaterra. Enquanto eram orientados carinhosamente pelo dirigente, o nobre benfeitor escreveu a mensagem que segue.

5

Obsessão, idiotia e loucura

Analisando-se com lógica e serenidade o extraordinário fenômeno da transfiguração de Jesus no monte Tabor diante dos Espíritos Moisés e Elias, constata-se haver sido esse momento incomum, o de uma reunião espírita de caráter mediúnico.

Diante dos três discípulos convidados para o cometimento superior, Pedro, Tiago e João, que serviram de suporte auxiliar para a exteriorização do ectoplasma, o Mestre se lhes apresentou na plenitude do Espírito, fulgurante e puro, dialogando com o excelente legislador do povo hebreu e do Seu abnegado profeta que, até há pouco, estivera reencarnado como João Batista, *o Precursor* do Seu ministério e que fora decapitado por ordem do governante Herodes Antipas.

Verdadeiro intercâmbio mediúnico de natureza superior ali se apresentou, quando Moisés, que tivera o cuidado em advertir os hebreus a respeito das comunicações espirituais, recomendando-lhes a não *evocação dos mortos*, conforme vinham fazendo, o mesmo em referência a consultas com *adivinhos* e *feiticeiros*, retornava, ele mesmo, da Vida abundante para confirmar essa realidade do ser eterno, através da sua comunicação, que demonstra de maneira inequívoca a sobrevivência da vida à morte. E Elias, igualmente, passada a rude prova da decapitação em que se recuperara da intolerância e dos terríveis crimes praticados contra os adoradores e sacerdotes do deus Baal, nas margens do rio Quisom, ressurgia esplendente em beleza e em luz, reverenciando o Messias de Israel e Guia de toda a Humanidade.

O santuário para o eloquente intercâmbio foi a Natureza em festa, no alto de um monte, longe do bulício e da perturbação das mentes em desalinho, a fim de que fosse repetido no futuro em homenagem ao Seu feito.

Entre o espanto e a admiração, os discípulos humildes deslumbraram-se com o acontecimento e o anotaram, transmitindo-o à posteridade sem mais amplos e profundos detalhes do que representava uma proposta importante para o futuro das criaturas, no que diz respeito às comunicações espirituais.

Um grande silêncio paira até hoje em torno do diálogo havido entre o Mestre e os Seus visitantes desencarnados. No entanto, o fato extraordinário assinalou em definitivo a ascendência de Jesus sobre todos os Espíritos da Terra e o Seu poder em relação a eles.

Ainda não terminara o encantamento, quando Ele convidou os companheiros a descerem à planície onde se encontravam as criaturas aturdidas e sofredoras. Ao fazê-lo, ainda nimbado de mirífica luz, foi solicitado por um pai aflito, a fim de que curasse o seu filho, que *um Espírito o tomava, fazia-o convulsionar até babar sangue e ninguém conseguia curá-lo*, de imediato acrescentando que *nem mesmo os Seus discípulos o conseguiram*, por faltar neles a autoridade moral indispensável em relação ao comunicante atormentado.

Sem delongas, porque ainda permanecia na vibração da atividade mediúnica, o Senhor expulsou com energia e misericórdia o perturbador inclemente, devolvendo o rapaz antes enfermo ao seu pai, agora perfeitamente saudável e jubiloso.

Todo esse episódio encaixa-se com perfeição nos moldes de uma atual sessão mediúnica de desobsessão, na qual o amoroso Psicoterapeuta advertiu o *hóspede* invisível e atuante, tomado de impiedade e insânia mental, que cedeu, abandonando os seus propósitos infelizes ante a Sua autoridade incomum referta de conhecimento e de amor.

O jovem que convulsionava, como se fosse vitimado por transtorno epiléptico repetitivo, era vítima de rude obsessão espiritual, que a Sabedoria e a Misericórdia de Jesus reverteram à paz e à calma, à saúde e à observância dos deveres em relação à vida.

Guardadas as proporções, a mesma ocorrência tem lugar nas reuniões de desobsessão, quando, após serem ouvidas as orientações dos mentores espirituais, procedem-se às terapias liberativas de obsessores e de obsidiados, mediante a palavra repassada de bondade e conhecimentos do doutrinador, convocando o perseguidor ao perdão e à caridade, ao mesmo tempo ensejando-se recuperação e paz.

Esse distúrbio, o da obsessão, difere bastante daqueles de natureza orgânica, que produzem a idiotia e a loucura.

Em todos esses casos, porém, encontram-se Espíritos enfermos, aqueles que estão reencarnados, endividados perante as Leis Cósmicas, em processos graves de provações dolorosas ou expiações reeducativas. Na obsessão, encontra-se atuante um agente espiritual que se faz responsável pelo transtorno reversível; no entanto, nos casos em que o ser renasce sob o estigma da idiotia ou chancelado pelos fatores que propiciam a loucura, os seus débitos e gravames são de tal natureza grave, que imprimiram no corpo o látego e o presídio necessários para a sua renovação moral.

Desde o momento da reencarnação, a consciência culpada e os sentimentos em desordem imprimiram nos equipamentos orgânicos e cerebrais as deficiências de que o endividado tem necessidade para reparar os males anteriormente praticados, desde quando, portador de inteligência e mesmo de genialidade, delas se utilizou para a alucinação no prazer exorbitante em prejuízo de grande número de pessoas outras que lhe experimentaram a crueldade, a intemperança, a indiferença...

Malbaratado o patrimônio superior que a vida lhe concedeu para multiplicar os talentos de que dispunha, volta agora ao orbe terrestre para expiar, passando pelos sítios tormentosos da falta de lucidez e com limitação mental, encarcerado em equipamentos que são incapazes de lhe permitir a comunicação com o Mundo exterior. Sitiado em si mesmo, sofre as consequências da hediondez que se permitiu, padecendo rudes aflições pela impossibilidade de agir com segurança e desenvoltura.

O corpo, atingido pelos fatores endógenos – hereditariedade, sequelas de enfermidades infectocontagiosas – de que se revestiu o Espírito por sintonia vibratória no momento da reencarnação, é resultado da utilização de genes com características deformadas, não havendo possibilidade, então, de recomposição, de restauração da saúde mental, de equilíbrio psíquico. No entanto, resgatando os males ainda preponderantes na sua economia moral, adquirirá a harmonia que lhe facultará futuros cometimentos felizes, mediante os quais contribuirá em favor da ordem e do desenvolvimento intelectual, moral e espiritual de si mesmo, assim como da sociedade.

Nada se perde ou se confunde na *contabilidade Divina,* que estabelece os procedimentos espirituais futuros de acordo com os investimentos realizados por cada ser humano durante a sua vilegiatura carnal.

Quando as obsessões se fazem prolongadas e o paciente não se dispõe à recuperação ou não a consegue, a incidência continuada dos fluidos deletérios sobre os neurônios cerebrais termina por produzir afecções e distúrbios de grave porte que se tornam irrecuperáveis.

Desse modo, as obsessões podem conduzir à loucura, à idiotia, e essas, por sua vez, serão ampliadas por influências espirituais perniciosas, que são realizadas pelos adversários do enfermo, que se utilizam da sua incapacidade de autodefesa para os desforços infelizes, nos quais se comprometem, por seu turno, com a própria consciência.

Jesus penetrou o mundo sombrio que envolvia o jovem obsesso e detectou o agente da *enfermidade* que o estigmatizava, conseguindo liberá-lo, para que pudesse dar curso à existência física com os equipamentos da lucidez e da consciência de maneira digna e produtiva, a fim de que lhe não viesse a acontecer nada pior, conforme assinalava sempre após as curas realizadas. Isto, porque cada um é o responsável pelos seus atos, dos quais se derivam a saúde ou a enfermidade, o bem ou o mal-estar.

Obsidiados existem que, logo se recuperam da ação perniciosa que sofrem, voltam aos mesmos sítios de antes, atraídos pelo atavismo vicioso, não corrigindo as imperfeições morais que os assinalam, até que se tornam vítimas novamente, se não dos antigos adversários, mas de outros

Espíritos levianos e mesquinhos, que neles encontram campo apropriado para vampirizações mentais e despautérios de outras expressões degradantes.

Qualquer distúrbio na área do comportamento emocional, mental ou físico, tem o propósito de alertar o Espírito, a fim de que analise os fatores que são propiciatórios a esse desencadeamento, procurando, de imediato, corrigir a deficiência ou a malversação de valores, assim fruindo da oportunidade feliz de evitar gravames maiores. Não obstante, reduzido é o número daqueles que se dão conta do processo em desenvolvimento, procurando justificar as ocorrências penosas no seu início com reflexões exclusivamente materialistas, distantes de uma atitude preventiva moral, que poderia interromper o fluxo do desequilíbrio em face da transformação que fosse operada, facultando a alteração do ritmo vibratório do perispírito, encarregado de conduzir a energia ao organismo em todas as células através da circulação do sangue que lhe serve de veículo material...

Desse modo, as obsessões, na sua fase inicial, antes da tragédia da subjugação, de mais difícil reequilíbrio, têm caráter provacional, enquanto a idiotia e a loucura estão incursas nas expiações redentoras, através das quais o Espírito calceta desperta para a compreensão dos valores da vida, enriquecendo-se de sabedoria para os futuros comportamentos.

Assim mesmo, nos casos dessa ordem, a contribuição psicoterapêutica do Espiritismo através da bioenergia, da água fluidificada, da doutrinação do paciente e dos Espíritos que, possivelmente, estarão complicando-lhe o processo de desequilíbrio, a oração fraternal e intercessória são de inequívoco resultado saudável, proporcionando o bem-estar possível e a diminuição do sofrimento do paciente, a ambos encaminhando para a paz e a futura plenitude.

Na noite de 13 de junho de 2001, em Londres, na Inglaterra, após o atendimento a diversas pessoas com problemas de obsessão e transtornos psicológicos, o dedicado guia espiritual escreveu a mensagem aqui inserta.

6

Terapia desobsessiva

A qualidade na terapia desobsessiva em diversas Instituições Espíritas deixa muito a desejar, em face da presunção e prepotência dos seus dirigentes, ainda aferrados a ideias que não correspondem aos princípios do Espiritismo.

Doutrina de lógica e discernimento, as suas diretrizes assentam-se na Lei de Amor que lhe constitui o princípio ético-moral e religioso, fundamento indispensável para a realização dos seus objetivos doutrinários.

Graças a essa conceituação, todas as suas propostas são portadoras de uma filosofia comportamental otimista e nobre, através da qual a existência humana se torna edificante e suas finalidades possíveis de serem conquistadas.

Não apenas abrangendo o mundo corporal, a Revelação Espírita desvelou o Mundo extrafísico e suas leis, a interferência dos Espíritos na vida dos homens, e também o conúbio existente entre os encarnados e desencarnados que são atraídos pelos seus pensamentos, palavras e atos.

Desse intercâmbio, quando perturbador, são estabelecidas as obsessões de curso lamentável por teimosia ou pertinácia, perversidade ou ignorância de uns e de outros, que somente se resolvem mediante a mudança de atitude e conduta íntima transformadora para melhor direcionamento moral.

Em razão da sua constituição terapêutica, na condição de psicologia profunda que encontra os alicerces dos sofrimentos nas estruturas do próprio ser espiritual, os processos de que se utiliza para a reconstrução da saúde física, emocional e psíquica de ambos os indivíduos nos dois planos em que se movimentam, obedecem ao conhecimento das razões que motivam esses distúrbios e dos métodos de iluminação que devem ser aplicados para mudar a situação deplorável.

Como decorrência, no que diz respeito aos labores desobsessivos, somente a autoridade moral do psicoterapeuta espiritual e a sua habilidade intelecto-emocional conseguem o diálogo indispensável ao esclarecimento do perseguidor desencarnado e sua consequente alteração de comportamento em relação àquele que lhe padece a constrição psíquica.

Nunca será demasiado recordar que o denominado obsessor tornou-se o indigitado algoz, porque foi vítima de quem hoje lhe experimenta o trucidar dos sentimentos. Não havendo conseguido compreender a circunstância infeliz no passado que lhe dilacerou a alma, mantém o primitivismo do ódio transformado em sede de vingança que pretende aplicar com as próprias mãos em arroubos de justiça arbitrária, de consequências ainda mais infelizes.

Por outro lado, não se havendo recuperado moralmente ante a vítima, aquele que hoje se sente perseguido, estabelece-se o confronto no campo das vibrações sutis, que necessita ser modificado através da renovação de um ou de outro, melhor ainda quando ambos se refazem e se dão as mãos em ajuda recíproca.

O objetivo da terapia desobsessiva não é o de afastar apenas o perseguidor, como se fosse possível expulsá-lo da área vibratória em que se encontram fixados ambos os contendores. Qualquer tentativa nesse sentido sempre resulta inócua ou mais prejudicial por açular o ódio desse antagonista.

Às vezes, tem-se a impressão de que a arrogância com que se permitem alguns doutrinadores, exuberantes na sua pseudoautoridade moral, mais verbal que real, logra resultados positivos por afastar os obsessores. Em realidade, não ocorre a liberação do enfermo porque não houve alteração de propósitos, nem da vítima nem do seu insano adversário, mas um afastamento técnico, ilusório, por parte do desencarnado, para retornar com mais ira na primeira oportunidade que se lhe apresente favorável.

As pugnas espirituais exigem muito cuidado para serem resolvidas.

Não temem os Espíritos altercações verbais, diatribes, atitudes gestuais, gritaria e ofensas, ordens destituídas de conteúdo espiritual, para que abandonem os seus propósitos. Somente através da persuasão lógica e fraternal, rica de esclarecimento e de amor, é que se resolvem por buscar outros caminhos, especialmente se lhes são acenadas as ocasiões de conseguir a própria felicidade, deixando o seu inimigo com a própria consciência e a Justiça Divina que jamais falta.

Devidamente esclarecido, dando-se conta do tempo malbaratado na perseguição doentia, compreendendo que, terminada a guerra, desaparecem os objetivos programados, entendendo que Deus pode interferir de um para outro momento, alterando a situação infeliz, resolve-se o adversário desencarnado por encontrar a paz e prosseguir no seu curso de evolução sem as amarras inditosas da retaguarda.

Na terapia desobsessiva, ambos os litigantes são necessitados de amor e de auxílio, de iluminação e de caridade, porque, encontrando-se na mesma faixa de comportamento vibratório, estão vinculados profundamente por ações indevidas que os comprometeram perante as próprias como diante da Consciência Cósmica.

Despertar-lhes os sentimentos de dever e de respeito para com o outro, assim como para com todas as criaturas é um dos objetivos essenciais da doutrinação. A cura ou recuperação do paciente é um efeito natural dessa conduta, porquanto é de relevante importância considerar que o desencarnado igualmente se encontra enfermo e merece despertar intimamente a fim de lograr a saúde desorganizada.

Se apenas tiver em mente o encarnado que sofre, o psicoterapeuta espiritual não se encontra equipado de valores para o mister, desde que a sua conduta parcial e individualista foge totalmente dos propósitos morais que estabelecem a construção do bem em todos os indivíduos onde quer que se encontrem. O Mundo espiritual é o legítimo, e aqueles que se encontram desvestidos de matéria são portadores de sentimentos, de aspirações, de conteúdos morais e intelectuais, encontrando-se na realidade causal.

Os métodos que têm por base a presunção dos encarnados que se acreditam em condições de impor os seus pensamentos e vontades aos Espíritos são falhos. Eles mesmos, embora se esforçando, nem sempre logram exigir com êxito a transformação moral para melhor, não lhes sendo lícito, dessa forma, tentar encontrar nos sofredores do Além-túmulo obediência e submissão.

Jesus, em razão da Sua autoridade moral, ordenava aos *Espíritos imundos* que abandonassem as suas vítimas, e o fazia por constatar que a prova do obsidiado já se encontrava terminada, ao mesmo tempo que os Seus *anjos*, aqueles que O acompanhavam, encarregavam-se de dar prosseguimento ao esclarecimento dos indigitados perseguidores, que mudavam de atitude desde o momento em que defrontavam o Mestre, deslumbrando-se com o Seu poder. Eis por que em circunstância alguma Ele deixou de ser obedecido.

Tentar-se fazer o mesmo, supondo imitar o Rabi, é descabida autoconfiança e exacerbada vaidade que merecem revisão de comportamento.

O amor irradia energias benéficas que alcançam os Espíritos em perturbação e vingança, auxiliando-os a discernir o comportamento que se permitem e alterá-lo, de forma que se facultem o bem-estar e a liberação de quem lhe sofre a indução maléfica.

Desse modo, jamais se deve esquecer que o Espírito odiento de hoje assim se encontra porque foi vítima daquele que ora inspira compaixão e misericórdia. Qualquer atitude em favor de um e em detrimento do outro é equivocada.

Tomadas as providências para a psicoterapia espiritual desobsessiva de ambos os enfermos, e tendo-se em mente a necessidade de vivenciar-se o trabalho no bem e a transformação moral sempre para melhor, estão sendo movimentados os valores para o estabelecimento da saúde real e construção social dos sofredores de ambos os planos da vida, construindo-se um mundo verdadeiramente rico de paz e de felicidade.

Nas atividades mediúnicas da noite de 5 de julho de 2001, em Salvador, o número de Entidades sofredoras atendidas pelos benfeitores fora expressivo e todas saíram consoladas e confiantes. Ao término da reunião, o benfeitor escreveu a seguinte página.

7

Sintonia elevada

Toda e qualquer concentração mental emite vibrações equivalentes ao teor de que se reveste o pensamento em fixação.

Conforme o seu conteúdo, direciona-se para campo semelhante com o qual sintoniza, passando a haurir energia correspondente que lhe aumenta a capacidade de irradiação.

Em face de tal resultado, o homem lúcido edifica-se mediante o cultivo de ideias elevadas, graças às quais se afina com as fontes inexauríveis da vida.

Constituindo esse Mundo causal uma realidade caracterizada pela energia pura, quando lhe chegam emissões mentais significativas, estabelece-se o contato provedor de bênçãos que se derramam na direção da antena psíquica emissora da onda.

Desse magnificente campo de superior organização promanam as admiráveis conquistas do pensamento humano, que se materializam nas diferentes áreas da Ciência, da arte, da Filosofia, da religião, dos empreendimentos grandiosos que promovem as criaturas e a Humanidade.

Reflexos do amor, essas regiões felizes frequentemente são alcançadas por todos aqueles que aspiram ao bem, à harmonia, à felicidade...

No conceito do Mestre Jesus, quando se referindo às *muitas moradas na Casa do Pai*, constatam-se, não somente os mundos materiais que pululam no Cosmo, como também essas Esferas espirituais, eminentemente vibratórias que envolvem o planeta terrestre e outros, que sediam os Espíritos ditosos, encarregados de promover o progresso moral dos orbes.

Faz-se indispensável que as mentes humanas diluam as vinculações ancestrais com os círculos morais inferiores dos quais procedem e que predominam nos seus hábitos emocionais e interesses morais responsáveis, por sua vez, pelos vícios e desaires que se prolongam, transformando-se em enfermidades da alma.

O ser humano está destinado à glória espiritual, cabendo-lhe desenovelar-se dos terríveis anéis mentais constritores que o mantêm em tormento e frustração.

Para o êxito do cometimento, a seleção dos pensamentos a cultivar mediante o esforço da vontade para fixá-los, substituindo aqueles perniciosos a que está acostumado, gerará nova conduta psíquica de resultados saudáveis.

Nessa fase de mudança de hábitos mentais, a oração se torna elemento de valor inestimável, por lenir as dores morais e propiciar inspiração que procede desses Núcleos de captação desse tipo de ondas, transformando-as em respostas portadoras de bem-estar, de alento e esperança, de beleza e harmonia.

À medida que se amplia o tempo de sintonia superior, alarga-se o campo de receptividade, proporcionando o registro já não exclusivo de pensamentos, mas também de percepção da vida em abundância em diferente expressão daquela material que é vivenciada.

Aspirando-se essa psicosfera que nutre interiormente, outros valores éticos e ambições emocionais passam a estabelecer diretrizes para o comportamento, impulsionando o ser para a conquista do amor pleno e a paz que não sofre qualquer perturbação nos embates do dia a dia da evolução.

Experimentando essa inefável sintonia, o ser humano luta com melhores equipamentos para alterar o rumo das experiências e, ao mesmo tempo, para dilatar os sentimentos de fraternidade, que se solidariza com o próximo em aturdimento para o ajudar; com o amor, para expandi-lo e preencher os vazios existenciais em outrem; com a caridade, para tudo compreender, erguendo os combalidos físicos, morais, econômicos e espirituais, em consequência experimentando a alegria de viver.

A sintonia superior é indispensável para a erradicação dos compromissos perturbadores, dos hábitos perniciosos, dos instintos primários, que se fazem substituídos pelas expressões de nobreza, de honestidade e de bem-estar que lhe são inabituais.

Quando alguém consegue abandonar o charco em que se encontra e alcança o planalto formoso, deslumbra-se com o horizonte visual infinito, com a beleza de luz e de cor, com a musicalidade da Natureza, enquanto aspira o oxigênio puro, que vitaliza e renova o ser.

A ascensão espiritual não é diferente, sendo compensadores os esforços e tentativas de sintonia elevada, considerando-se a destinação espiritual que está reservada a todos os homens e mulheres do mundo.

O pensamento é, portanto, o veículo vigoroso que conduz o Espírito à sintonia com a faixa de que se constitui e ao campo vibratório de energia que o capta.

Enquanto luz a oportunidade no corpo ou fora dele, cumpre que a mente se edifique através de construções ideológicas salutares, a fim de se transformarem em ações dignificantes, graças à inspiração e aos impulsos vigorosos procedentes do mundo real de onde todos nos originamos e para onde retornaremos, conforme o teor de qualidade psíquica e os conteúdos morais das ações praticadas.

Pensar bem para agir melhor é o desafio do momento, que aguarda a decisão moral dos indivíduos.

Durante os trabalhos de socorro aos irmãos desencarnados em sofrimento, através de médiuns iniciantes, no Centro Espírita na cidade de Paramirim (BA), no dia 10 de julho de 2000, o instrutor dirigiu-nos a seguinte mensagem.

8

Sintomas de mediunidade

A mediunidade é faculdade inerente a todos os seres humanos, que um dia se apresentará ostensiva mais do que ocorre no presente momento histórico.

À medida que se aprimoram os sentidos sensoriais, favorecendo com mais amplo cabedal de apreensão do mundo objetivo, amplia-se a embrionária percepção extrafísica, ensejando o surgimento natural da mediunidade.

Não poucas vezes, é detectada por características especiais que podem ser confundidas com síndromes de algumas psicopatologias que, no passado, eram utilizadas para combater a sua existência.

Não obstante, graças aos notáveis esforços e estudos de Allan Kardec, bem como de uma plêiade de investigadores dos fenômenos paranormais, a mediunidade vem podendo ser observada e perfeitamente aceita com respeito, em face dos abençoados contributos que faculta ao pensamento e ao comportamento moral, social e espiritual das criaturas.

Sutis ou vigorosos, alguns desses sintomas permanecem em determinadas ocasiões gerando mal-estar e dissabor, inquietação e transtorno depressivo, enquanto em outros momentos surgem em forma de exaltação da personalidade, sensações desagradáveis no organismo, ou antipatias injustificáveis, animosidades maldisfarçadas, decorrência da assistência espiritual de que se é objeto.

Muitas enfermidades de diagnose difícil, pela variedade da sintomatologia, têm suas raízes em distúrbios da *mediunidade de prova,* isto é, aquela que se manifesta com a finalidade de convidar o Espírito a resgates aflitivos de comportamentos perversos ou doentios mantidos em existências passadas. Por exemplo, na área física: dores no corpo, sem causa orgânica; cefalalgia periódica, sem razão biológica; problemas do sono – insônia, pesadelos, pavores noturnos com sudorese; taquicardias, sem motivo justo; colapso periférico sem nenhuma disfunção circulatória, constituindo todos eles, ou apenas alguns, perturbações defluentes de mediunidade em surgimento e com sintonia desequilibrada. No comportamento psicológico ainda se apresentam: ansiedade, fobias variadas, perturbações emocionais, inquietação íntima, pessimismo, desconfianças generalizadas, sensações de presenças imateriais – sombras e vultos, *vozes e toques* – que surgem inesperadamente, tanto quanto desaparecem sem qualquer medicação, representando distúrbios mediúnicos inconscientes, que decorrem da captação de ondas mentais e vibrações que sincronizam com o perispírito do *enfermo,* procedentes de Entidades sofredoras ou vingadoras, atraídas pela necessidade de refazimento dos conflitos em que ambos – encarnado e desencarnado – se viram envolvidos.

Esses sintomas, geralmente pertencentes ao capítulo das *obsessões simples,* revelam presença de faculdade mediúnica em desdobramento, requerendo os cuidados pertinentes à sua educação e prática.

Nem todos os indivíduos, no entanto, que se apresentam com sintomas de tal porte, necessitam de exercer a faculdade de que são portadores. Após a conveniente terapia que é ensejada pelo estudo do Espiritismo e pela transformação moral do paciente, que se fazem indispensáveis ao equilíbrio pessoal, recuperam a harmonia física, emocional e psíquica, prosseguindo, no entanto, com outra visão da vida e diferente comportamento, para que *não lhe aconteça nada pior,* conforme elucidava Jesus após o atendimento e a recuperação daqueles que O buscavam e tinham o quadro de sofrimentos revertido.

Grande número, porém, de portadores de mediunidade tem compromisso com a tarefa específica, que lhe exige conhecimento, exercício, abnegação, sentimento de amor e caridade, a fim de atrair os Espíritos nobres, que se encarregam de auxiliar a cada um na desincumbência do mister iluminativo.

Trabalhadores da última hora, novos *profetas,* transformando-se nos modernos *obreiros do Senhor,* estão comprometidos com o programa espiritual da modificação pessoal, assim como da sociedade, com vistas à Era do Espírito imortal que já se encontra com os seus alicerces fincados na consciência terrestre.

Quando, porém, os distúrbios permanecerem durante o tratamento espiritual, convém que seja levada em conta a psicoterapia consciente, através de especialistas próprios, com o fim de auxiliar o paciente-médium a realizar o autodescobrimento, liberando-se de conflitos e complexos perturbadores, que são decorrentes das experiências infelizes de ontem como de hoje.

O esforço pelo aprimoramento interior aliado à prática do bem, abre os espaços mentais à renovação psíquica, que se enriquece de valores otimistas e positivos que se encontram no bojo do Espiritismo, favorecendo a criatura humana com alegria de viver e de servir, ao tempo que a mesma adquire segurança pessoal e confiança irrestrita em Deus, avançando sem qualquer impedimento no rumo da própria harmonia.

Naturalmente, enquanto se está encarnado, o processo de crescimento espiritual ocorre por meio dos fatores que constituem a argamassa celular, sempre passível de enfermidades, de desconcertos, de problemas que fazem parte da psicosfera terrestre, em face da condição evolutiva de cada qual.

A mediunidade, porém, exercida nobremente, torna-se uma *bandeira cristã e humanitária,* conduzindo mentes e corações ao porto de segurança e de paz.

A mediunidade, portanto, não é um transtorno do organismo. O seu desconhecimento, a falta de atendimento aos seus impositivos, geram distúrbios que podem ser evitados, ou quando se apresentam, receberem a conveniente orientação para que sejam corrigidos.

Tratando-se de uma faculdade que permite o intercâmbio entre os dois mundos – o físico e o espiritual – proporciona a captação de energias cujo teor vibratório corresponde à qualidade moral daqueles que as emitem, assim como daqueloutros que as captam e transformam em mensagens significativas.

Neste capítulo, não poucas enfermidades se originam desse intercâmbio, quando procedem as vibrações de Entidades doentias ou perversas, que perturbam o sistema nervoso dos médiuns incipientes, produzindo distúrbios no sistema glandular e até mesmo afetando o imunológico, facultando campo para a instalação de bactérias e vírus destrutivos.

A correta educação das *forças mediúnicas* proporciona equilíbrio emocional e fisiológico, ensejando saúde integral ao seu portador.

É óbvio que não impedirá a manifestação dos fenômenos decorrentes da Lei de Causa e Efeito, de que necessita o Espírito no seu processo evolutivo, mas facultará a tranquila condução desses eventos sem danos para a existência, que prosseguirá em clima de harmonia e saudável, embora os acontecimentos impostos pela necessidade da evolução pessoal.

Cuidadosamente atendida, a mediunidade proporciona bem-estar físico e emocional, contribuindo para maior captação de energias revigorantes, que alçam a mente a regiões felizes e nobres, de onde se podem haurir conhecimentos e sentimentos inabituais, que aformoseiam o Espírito e o enriquecem de beleza e de paz.

Superados, portanto, os sintomas de apresentação da mediunidade, surgem as responsabilidades diante dos novos deveres que irão constituir o clima psíquico ditoso do indivíduo que, compreendendo a magnitude da ocorrência, crescerá interiormente no rumo do bem e de Deus.

Enquanto se desdobravam as atividades mediúnicas de atendimento a Espíritos obsessores que perturbavam pessoas frequentadoras do Centro Espírita em Paramirim (BA), no dia 11 de julho de 2000, o benfeitor escreveu a mensagem oportuna que intitulou como.

9

Limpeza psíquica

No delicado e grave capítulo das obsessões espirituais, merecem estudos cuidadosos os motivos relevantes que as desencadeiam, e em cujo campo vibratório ocorrem as suas instalações.

Primeiramente, deve-se considerar a pessoa que sofre a injunção obsessiva, responsável, direta ou indiretamente, pela sua instalação. Isto, porque se lhe encontram em germe na economia evolutiva as razões dos dramas não solucionados a que deu lugar em existências passadas ou mesmo na atual. Muitos delitos morais praticados no transcurso do processo de desenvolvimento dos valores espirituais, permanecem aguardando a necessária reparação, encontrando-se insculpidos no Espírito comprometido, e que não se resolveu por mudança radical de atitude, alterando o quadro de responsabilidade em que se encontra incurso.

Por mais hábil seja a escamoteação de uma atitude infeliz, ela permanece no conhecimento do seu autor, bem como na consciência daquele que lhe experimentou o guante. Estando vinculados psíquica e moralmente, responsável e vítima, ao primeiro ensejo que ocorra e os campos vibratórios facultem sintonia, volvem a encontrar-se, nascendo o intercâmbio nefasto que se transforma em transtorno obsessivo.

Estão, desse modo, profundamente fixadas as matrizes das futuras perturbações naqueles que viveram experiências desastrosas e não se resolveram por comportamento superior, qual o proposto pelo perdão – de quem sofreu a desonra, a ignomínia, o crime – ou em face da renovação interior do responsável pelo desmando – aquele que afligiu, quer consciente da ação ou levado por circunstância inevitável em que se viu envolvido.

Condutas extravagantes e impiedosas, vulgares e prejudiciais podem, não poucas vezes, passar sem o conhecimento de outras pessoas ou mesmo a avaliação e imputação do estabelecido pelo código das leis. Não obstante, aquele que infringe o estatuto legal estabelecido, permanece interiormente incurso no crime, que aguarda conveniente reparação.

Jesus propôs com sabedoria a necessidade que tem a pessoa de se reconciliar depressa com o seu adversário enquanto estiver no caminho com ele, evitando ser levada ao juiz, e, naturalmente, após o julgamento, ver-se obrigada a resgatar o mal ou o prejuízo que lhe haja causado, sendo encarcerada na prisão.

Sem qualquer dúvida, o corpo físico é uma *prisão* de onde ninguém escapa, exceto quando terminada a prova ou a expiação a que se encontra submetido, assim resgatando o compromisso infeliz que se negou a regularizar.

As atitudes, portanto, corretas, em qualquer situação prejudicial, são a tomada de consciência e o posterior comportamento reparador, eliminando esse futuro foco de desequilíbrio.

Remanescem, portanto, nos refolhos do Espírito, as suas conquistas e prejuízos que passam a constituir-lhe o clima psíquico, estabelecendo a faixa vibratória na qual se expressa, sintonizando com os bens imortais compatíveis, conforme a onda mental que seja exteriorizada. Esse campo energético permanecerá sempre emitindo sinais característicos que facultarão a sintonia com outros da mesma natureza, incorporando forças ou perdendo-as, conforme a qualidade de emissão e captação.

Torna-se urgente, portanto, a necessidade de uma assepsia mental profunda praticada pelo ser humano, quando portador de conteúdos perturbadores – e quase todos os homens e mulheres terrestres encontram-se comprometidos com a retaguarda atual ou recuada – para que as suas exteriorizações sejam de qualidade salutar, não permitindo a *hospedagem mental* de adversários espirituais ou de trêfegos e ociosos que pululam na Erraticidade inferior.

Dinamizando as suas aspirações e tornando-as realidade, o indivíduo deve e pode alterar o seu mapa de compromissos morais, passando a cultivar programas de edificação íntima, através de leituras, de conversações nobres, de reflexões bem direcionadas, de ações benfazejas, passando a irradiar pensamentos bons que defenderão a usina mental de invasões de formas ideoplásticas exteriores, de incursões vingativas, de induções prejudiciais. Assim procedendo, adquire valor para os enfrentamentos que decorrem das Leis da Vida, que são inevitáveis, porque fazem parte da estrutura do ser, convidando todos a se alinharem no equilíbrio, na valorização do Espírito em detrimento das loucuras e paixões asselvajadas que, por enquanto, ainda predominam em a natureza animal.

A reencarnação é impositivo inevitável para a iluminação da criatura, facultando-lhe a oportunidade de desenvolver o psiquismo divino que nela jaz e aguarda os fatores que lhe sejam propiciatórios ao crescimento interior. Por isso mesmo, as conjunturas infelizes como as ditosas fazem parte da programática estabelecida para a depuração interna, embora, muitas vezes, por meio de conjunturas externas: sociais, econômicas, familiares, de raça, de credo, ou do binômio saúde-doença.

Dá-se, invariavelmente, quase o inverso. Acostumado às viciações mentais e morais, o indivíduo, quanto lhe é possível, cultiva ideias extravagantes, perniciosas umas e vulgares outras, situando-se psiquicamente em paisagens extrafísicas tormentosas, alimentando-se de fluidos deletérios que o intoxicam mentalmente e passam a constituir-lhe dependência a que se entrega por prazer doentio.

Somente através de novos comportamentos mentais conseguirá desalojar o psiquismo desses recintos de perversão espiritual, vivenciando outras experiências edificantes, porquanto o direcionamento da onda mental leva-o à correspondente faixa na qual se expressa uma como outra contribuição.

A assepsia psíquica é indispensável à vida saudável, à alegria existencial, ao desempenho das tarefas que se fazem necessárias para o progresso, porque libera a mente da constrição das forças aprisionantes dos desejos inferiores e das condutas atormentadas.

Por outro lado, a terapia bioenergética contribui favoravelmente por meio do recebimento dos passes magnéticos como fluídicos, pelo admirável contributo que oferece de deslocar *matrizes espirituais* de captação negativa, que funcionam como antenas registradoras de ondas-pensamento pessimistas, depressivas, obsessivas, sempre com teor negativo e doentio.

O intercâmbio inconsciente com outras mentes é muito maior do que se imagina na Terra, porquanto todo campo vibratório sintoniza com outros equivalentes, emitindo e captando ondas do mesmo gênero.

Porque as criaturas se encontram normalmente afadigadas pelos problemas e tarefas que lhes cumpre atender no corpo físico, assim como em consequência dos hábitos enfermiços ancestrais, mais facilmente se deixam conduzir pelas ideias perturbadoras do que ascender em vibração às faixas de enobrecimento da vida. Imperioso, desse modo, que se estabeleça um compromisso pessoal com o próprio Espírito, liberando-o de constrições ultrajantes e atitudes prejudiciais, que são facilmente identificáveis por qualquer um, alterando os comportamentos mentais e as aspirações emocionais, para que se robusteçam os dínamos geradores de ondas superiores, favorecendo a execução dos pensamentos bons, transformados em ações relevantes e favoráveis ao progresso individual, assim como ao coletivo da sociedade.

Essa assepsia ou limpeza mental deve ter início quando se desperta do sono pela manhã, através da oração e de uma breve leitura edificante, que poderá constituir motivo para reflexão durante todo o dia, encerrando-se com recordações agradáveis ou novas leituras iluminativas, a fim de que, no momento do desprendimento parcial durante o sono, o Espírito, enriquecido de vibrações nobres, encontre-se com os seus guias espirituais, junto aos quais pode haurir esperança e vitalidade, conhecimentos e inspiração para aplicação útil, quando do retorno à forma física. Outrossim, vale a pena considerar que as conversações doentias entorpecem os sentimentos e coagulam os ideais mais belos, bem como a convivência com pessoas pervertidas e que se comprazem nessa opção, sempre deixa vínculos e intercâmbios, sequelas más, quando não contágios e influências perniciosas.

Preservar-se, pois, dos maus pensamentos, palavras e atos, estimando-se e respeitando-se, é método eficaz para uma oportuna e necessária assepsia psíquica, facilitadora de admiráveis sintonias espirituais.

Tratava-se de uma reunião de desobsessão. Enquanto as comunicações psicofônicas tinham curso, no Centro Espírita Caminho da Redenção, em Salvador (BA), o mentor dissertava, emocionado, para expressivo número de desencarnados que se encontravam presentes e haviam sido retirados de regiões espirituais dolorosas na Erraticidade inferior. Posteriormente, por psicografia, o instrutor ditou a mensagem em pauta.

10

O PURGATÓRIO

As construções mentais de cada indivíduo constituem-lhe a psicosfera na qual se movimenta, alimentando-se das vibrações elaboradas e emitindo-as em todas as direções.

Conforme o conteúdo de que se revestem essas exteriorizações psíquicas, formam-se campos de energia correspondente ao teor de que se constituem, propiciando bem ou mal-estar, felicidade ou desar interior.

A perseverança no hábito das elaborações perniciosas e vulgares produz emanações morbíficas que se condensam à sua volta, definindo a qualidade das suas aspirações íntimas e gerando sintonias com ondas e Entidades correspondentes.

A sós, portanto, aquele que assim procede, gera o seu clima emocional e espiritual, que se torna parte da existência.

Ante a desencarnação, o despertar dá-se com as características que foram vivenciadas durante a vilegiatura carnal, imantando o Espírito a campos de energia equivalentes, nos quais se debatem na amargura e no sofrimento outros seres portadores dos mesmos requisitos.

Reunidos numa mesma área de identificação vibratória, suas exteriorizações morbosas produzem uma psicosfera doentia, assinalada pela aflição e desespero.

À medida que se torna mais densa, em face da população que nessa região se movimenta, condensam-se os vapores psíquicos carregados de *vibriões mentais* e de *formas-pensamento* que adquirem vida, transformando-se em verdadeiro purgatório, no qual estertoram os invigilantes e ociosos mentais.

Invariavelmente, em lugares próprios do planeta – vales sombrios, cavernas escuras e úmidas, subterrâneos pavorosos e pântanos pestilentos – homiziam-se esses aturdidos enganadores de si mesmos, dando surgimento a verdadeiras *cidades de horror*, onde passam a viver sob o domínio de algozes perversos, que se comprazem em explorá-los espiritualmente, nutrindo-se das suas escassas energias em deperecimento.

A contínua emissão de ondas mentais doentias mais condensa o clima psíquico com *substâncias* especiais que são exteriorizadas, dando forma e atividade ao que lhes vai no mundo íntimo, retornando como pesado fluido que os asfixia e leva aos estertores agônicos em que se debatem sem cessar.

A esse *mundo de vibrações danosas,* as tradições de algumas doutrinas espiritualistas ortodoxas denominaram de Purgatório, e Allan Kardec, com muita propriedade, definiu-o como Erraticidade inferior.

Vive-se em campos de sintonia nos quais os semelhantes se atraem e se unem, proporcionando reciprocidade vibratória, que eleva ou retarda o avanço espiritual e moral do ser.

Não foram poucos os místicos que visitaram essas regiões espirituais de sombra e de dor e as confundiram com o Inferno ou trouxeram indicação de Purgatório, que mesmo transitórios, constituem recintos de purgação e despertamento para a realidade da vida e a compreensão de que ninguém pode transgredir as Leis Soberanas sem sofrer as consequências dos seus atos ignóbeis.

A consciência regista todos os pensamentos, palavras e atos, oferecendo respostas equivalentes, que consubstanciam o ser no seu processo de crescimento espiritual.

Mesmo na Terra, as afinidades reúnem os seus compares, que se vinculam pelos idênticos interesses a que se aferram.

Eis por que o Mestre Nazareno referiu-se com sabedoria *que o Reino de Deus está dentro de nós...* O inverso também é verdadeiro.

Em razão da identidade vibratória dos grupos sociais desencarnados, os lugares que os recebem transformam-se em campos de pesadas energias onde se detêm até quando luz o amor de Deus que os arrebata desses recintos hediondos, ao se melhorarem interiormente, arrependerem-se e aspirarem à felicidade e ao bem.

Outros muito mais infelizes e odiosos existem nas diferentes faixas vibratórias que envolvem o planeta na sua estrutura física, como fora dela, que podem ser consideradas como verdadeiro Inferno, com a única diferença que o teológico tem sabor de eternidade, o que violenta as Leis de Amor, sendo, portanto, transitório, no entanto, caracterizado por inauditos padecimentos que a imaginação humana nem sequer pode avaliar...

Nesse purgatório, pois, onde bracejam na dor e no conflito os Espíritos descuidados e viciosos, o sofrimento que nasce da consciência culpada e do despertar lento da razão, que os vergasta com acrimônias e exigências, transitam, também, periodicamente, os seres angélicos que os buscam em tentativas generosas de resgate, a fim de lhes lenirem as exulcerações da alma e os encaminharem a postos de renovação, de onde se dirigem à Terra em reencarnações expiatórias e provações redentoras abençoadas.

Antes de serem conduzidos aos núcleos de recuperação, permanecem por algum tempo na atmosfera terrestre, beneficiando-se de esclarecimentos e recursos magnéticos que lhes são ministrados pelos abnegados obreiros da caridade, até se despirem, pelo menos, de parte dos densos envoltórios que os aprisionaram e foram construídos pelo pensamento do interior para o exterior, tornando-se vigorosos cárceres nos quais estorcegavam.

Despertando-lhes a consciência para as possibilidades infinitas da recuperação, comovem-se, predispõem-se a novos tentames e aceitam as possibilidades de recomeço tomados de esperança e de ansiedade.

Conseguida essa etapa, são conduzidos aos planos de refazimento e de renovação interna, educando-se e disciplinando-se para os futuros cometimentos da reencarnação.

O processo da evolução é lento e o despojamento do *homem velho* que deverá ensejar o *homem novo* constitui um grande desafio que não pode ser postergado, sob pena das injunções aflitivas que impulsionam à mudança de atitude diante da vida, experimentando o estridor dos sofrimentos, cuja linguagem é mais ouvida e aceita do que os nobres apelos do amor.

A anestesia da memória, quando por ocasião do processo reencarnatório, as facilidades propiciadas pelo prazer exaustivo, as tendências inatas para a manutenção dos *instintos agressivos ou primários* constituem armadilhas que retêm incontável número de indivíduos ainda não despertos para a sua realidade de Espíritos imortais, e que preferem ignorar o sacrifício, o equilíbrio e o dever, transitando na breve experiência da carne pelos torpes expedientes do gozo alucinado e do crime, no qual esperam os lucros da cobiça...

O Purgatório, portanto, é um estado de consciência culpada, insculpido no âmago do ser, como decorrência dos seus atos, que geram a psicosfera doentia e densa, cujo *peso específico* o situa em regiões afligentes e punitivas do Mundo espiritual após as barreiras do corpo somático.

Durante a reunião de socorro aos desencarnados, no Centro Espírita Caminho da Redenção, em Salvador (BA), as comunicações sucediam-se sem solução de continuidade. Os doutrinadores atendiam aos irmãos infelizes com bondade e doçura, envolvendo-os em vibrações de paz através da oração, quando o mentor espiritual escreveu a página que segue.

11

O PODER DA ORAÇÃO

O cérebro, este dínamo gerador de energia psíquica, é também fonte de exteriorização que se espraia, facultando a vitalização ou o desequilíbrio na área que focaliza.

Externando-se através do pensamento, este se lhe torna o veículo que a potencializa e direciona. Quanto maior for a intensidade mental da ideia, mais poderosa se apresenta a onda em que se movimenta.

Em face dessa realidade, o cultivo dos pensamentos edificantes, pela constituição vibratória de que se revestem, estimula os neurônios cerebrais a produzirem substâncias saudáveis e processamentos eletroquímicos, que facilitam as sinapses e viajam pelo sistema circulatório, vitalizando as células e auxiliando-as no processo de mitose harmônica.

Quando estão carregados de pessimismo ou malquerença, de ressentimentos e ódios, produzem moléculas que são eliminadas pelos mesmos neurônios com alto poder destrutivo, que perturbam as comunicações e se alojam no sistema nervoso central e no endocrínico, afetando o de natureza imunológica, naquele indivíduo que prossegue na emissão das mensagens tóxicas e perturbadoras, às vezes atingindo a pessoa que está na mira da sua revolta.

O ato da oração é constituído pelo fixar dos pensamentos nobres e aspirações superiores, produzindo ondas carregadas de amor e de harmonia que mantêm em grande atividade os centros nervosos, que se alimentam de forças e de imediato exteriorizam as vibrações que atraem os bons Espíritos, que acorrem para ajudar, ao mesmo tempo que as canalizam no rumo das Esferas superiores onde são captadas para análise imediata.

Em face do seu conteúdo especial, são potencializadas e retornam ao emissor, proporcionando-lhe vitalização e alegria.

Pode, dessa forma, a oração ser encaminhada aos centros espirituais de captação para análise de conteúdo ou direcionar-se para os objetivos a que se destina.

Por isso, a oração pode ser de louvor, quando se expressa em hinos de alegria e de homenagem ao Criador, à vida, às ocorrências existenciais; de rogativa, quando revestida pela necessidade que pode ser socorrida pelo Divino Poder, não apenas por quem ora, assim como em favor daquele por quem se intercede, e de gratidão, transformada em júbilo pelo que se tem logrado ou ainda não se conseguiu...

A oração inunda de emoções superiores o ser que se lhe entrega ao ministério.

Quando é a favor do próximo, encarnado ou no plano espiritual, alcança-o como uma onda de paz, que favorece a reflexão, o despertar da consciência para a responsabilidade, o diminuir das aflições, ensejando o prosseguimento a partir desse momento com diferente disposição emocional e psíquica.

Mesmo quando o beneficiário ignora o recurso que lhe é direcionado, ainda assim é alcançado pela emissão vibratória e experimenta alteração para melhor no quadro do comportamento em que se encontra. Se conhecedor do benefício, gerando sintonia mental, mais se robustece de recursos valiosos, que se transformam em bem-estar, saúde e paz.

Enfermos terminais uns, portadores de doenças degenerativas outros, de distúrbios psicológicos ou psiquiátricos diversos, quando envolvidos pelas ondas benéficas da oração, experimentam sensações favoráveis que, se utilizadas de forma edificante, podem modificar a situação em que se encontram, reiniciando os processos de recuperação ou de diminuição dos seus sofrimentos.

Os desencarnados, por sua vez, sentindo-se recordados e queridos, ao captarem a onda mental que lhes é direcionada, têm diminuídas as angústias e perturbações, reconsiderando a situação em que se encontram e reanimando-se, desse modo adquirindo forças e valor para superarem as dificuldades que os afligem, frutos amargos da insensatez a que se entregaram anteriormente.

A onda mental da oração cinde a densa camada da psicosfera deletéria onde respiram aqueles a quem é enviada a mensagem de amor, e qual um raio vigoroso deixa a claridade da sua presença e descarga de energia benéfica de que se faz portadora.

Não elimina, certamente, os débitos, nem seria justo que assim acontecesse; também não impede o insucesso, mas oferece serenidade e confiança para o enfrentamento dos efeitos perniciosos dos atos transatos, trabalhando em favor da mudança da paisagem, que se nimba de diferente conteúdo propiciador de paz e de vitória que devem ser alcançadas, a partir de então.

Simultaneamente, aquele que ora se potencializa e irradia ondas de harmonia que envolvem a tudo e a todos quantos lhe estão no campo psíquico ou emocional.

Animais e plantas captam as ondas mentais que lhes são dirigidas, refletindo no comportamento os efeitos saudáveis ou danosos do tipo de vibrações de que se constituem.

No momento em que a criatura humana se conscientizar do poder da oração ou do pensamento nobre, o planeta será beneficiado pela emissão individual e coletiva de orações para recuperá-lo após todas as agressões que tem sofrido pela imprevidência e loucura dos seus habitantes, tornando-se abençoado reduto de regeneração, em vez de oficina de dolorosas provas e expiações.

O pensamento, portanto, vinculado a Deus, ao bem, ao amor, ao desejo sincero de ajudar, eis a oração que todos podem e devem utilizar, a fim de que a felicidade se instale por definitivo nos corações.

Por isso que as formas e as fórmulas utilizadas para a oração se fazem secundárias, sendo indispensável a intenção do orante, cujo propósito estimula o dínamo cerebral a liberar a onda psíquica vigorosa que lhe conduzirá a aspiração.

O hábito de orar, a constância da oração, a elevação do pensamento se transformarão em um estado especial de equilíbrio espiritual, que sustentará o ser em todas e quaisquer ocasiões da sua existência.

Isto, porque oração é vida, e com Jesus é vida em abundância...

A reunião mediúnica de desobsessão, no Centro Espírita Caminho da Redenção, em Salvador (BA), prosseguia com atendimento a inúmeros Espíritos difíceis, enquanto outros teimavam em negar-se o estado de desencarnados, na noite de 6 de fevereiro de 2002, quando o orientador espiritual escreveu a página que transcrevemos.

12

Morrer e Desencarnar

A cessação dos fenômenos orgânicos ante a desagregação da máquina biológica, de forma alguma representa o término da existência do ser.

Dá-se-lhe a morte, sem que lhe suceda a desencarnação.

O fenômeno decorrente da anóxia cerebral enseja a experiência para a libertação da alma, desenovelando-se dos vínculos carnais, através de cujo processo ocorre realmente a desencarnação.

Consoante a existência de cada indivíduo, a sua desencarnação será sempre resultado dos conteúdos anteriormente vivenciados.

Essa ocorrência pode ser rápida ou de larga duração, em face das fixações emocionais e físicas, bem como a conduta que se permitiu em relação ao uso da indumentária material.

O momento da morte sempre se reveste de grave significação para a alma, que é tomada de aturdimento e de aflição.

O desprendimento da forma física, anteriormente na condição de uma aparelhagem muito complexa que a retinha, ao romper-se, produz um choque inevitável, que é decorrência da mudança brusca de hábitat até a adaptação na nova condição de psicosfera correspondente.

A princípio uma névoa densa envolve o ser e asfixia-o, tornando-lhe tardo o raciocínio e difícil a movimentação.

Não há, porém, duas mortes iguais, da mesma forma como não existem duas vidas que sejam idênticas.

As construções mentais realizadas ao longo da existência transferem-se do arcabouço celular para o Espírito, por meio do seu corpo intermediário, produzindo-lhe sensações e emoções que correspondem às próprias estruturas.

Quanto maior for-lhe o condicionamento material e a sustentação das paixões primitivas, mais difíceis se lhe fazem os processos da desencarnação.

A morte não interrompe os hábitos mentais, que são do Espírito e não do corpo, continuando a predominar nas paisagens das aspirações íntimas e dos anseios do sentimento do Espírito.

Todo aquele que se entregou aos condicionamentos inferiores prossegue preso aos costumes perturbadores, negando-se a consciência da nova realidade, teimosamente lutando para preservar o que lhe parece não poder continuar, e que se lhe transforma em desespero incomparável.

Dominado pelos vícios, dos quais dependia a alma em recente separação do corpo, continua absorvendo os fluidos de que se alimentava, que agora lhe emprestam a ilusão de que permanece na masmorra orgânica.

É natural que assim aconteça, pois que, no corpo físico, quando alguém se deseja libertar de um condicionamento vicioso, a luta se lhe faz difícil, exigindo vigilância e disciplina exemplar, o que não o impede de vivenciar reminiscências e desejos que se tornam constrangedores, podendo derrubar-lhe o esforço com a recidiva no hábito doentio.

O fenômeno da morte não produz efeito mágico na conduta de ninguém, isto, porque despojar-se dos componentes celulares é deixá-los, liberar-se das suas sensações é experiência muito diferente e mais complexa, porque implica real libertação dos seus arrastamentos.

À medida, porém, que o cadáver entra em decomposição, não raro as sensações se transferem para o Espírito, proporcionando-lhe sensações de *dores físicas* e angústias morais, que se prolongam pelo tempo necessário à sua diluição nos equipamentos mentais.

Nessa etapa delicada da ocorrência da desencarnação, as companhias espirituais com as quais se homiziava o indivíduo, enquanto no corpo físico, acercam-se e passam a envolvê-lo nas suas teias perigosas, realizando processos de hipnose perturbadora, mediante a qual facultam o prosseguimento da conduta vivenciada antes da morte orgânica.

Não fosse o Amor de Deus que se manifesta através dos anjos guardiães, encarregados de ajudar os seus pupilos, e tal situação se prolongaria indefinidamente, dando a impressão de eternidade, como, às vezes, pensam alguns alucinados que permanecem nesse estado de desespero...

A desencarnação ocorre somente quando o ser, livre das sensações materiais, permite-se a lucidez e o reencontro consigo mesmo, podendo experimentar as alegrias e as bênçãos da libertação.

De acordo com as faixas mentais em que cada qual se situa, desperta em campo vibratório equivalente, ensejando-se a paz anelada ou prolongando as aflições pelos prazeres que não mais podem ser fruídos.

É relevante a trajetória humana para todos, porquanto, portadora dos recursos de iluminação, quando malbarata, a alma desperta em plena treva interior, em um mundo de densas energias perniciosas em que mais se encharca, mantendo as impressões de permanência no corpo.

O hábito dos pensamentos edificantes, a conduta correta e as ações providenciais, cultivados com esforço e bom direcionamento para o amor e para o bem geral, tornam-se preponderantes para a desencarnação feliz, da qual o despertar faz-se tranquilo e compensador.

O homem e a mulher de bem, aqueles que vivem consoante as Leis de Deus, mergulham no corpo e dele se liberam com facilidade e clareza mental, por não se encontrarem imantados às paixões escravizadoras.

Não dependentes das más inclinações, que já superaram, e pertencem ao passado, vestem e despem o escafandro celular sem maior dificuldade, por conduzirem a mente em propósitos e aspirações dignificadores.

O inverso se encarrega de mantê-los nos redutos em que se comprazeriam, até quando a exaustão pelo sofrimento os conduz no rumo da oração, do arrependimento e do anseio honesto para conseguir a mudança de situação espiritual.

As criaturas são os conteúdos mentais que cultivam, transformando-os em realidade no seu dia a dia, passando a depender desses hábitos que se lhes incorporam à existência, dos quais retiram o prazer e o encantamento para viver.

Nesse comenos, no trânsito da dor para a paz, na transformação que se vai operando no mundo íntimo pelo desejo de sair da aflição juguladora, os seus guias socorrem-nos por encontrarem receptividade, conduzindo-os às regiões de recuperação ou levando-os de retorno às reencarnações depurativas em expiações reeducativas.

A morte física é apenas uma etapa inicial da desencarnação real que aí começa, e se encerra somente quando o Espírito se integra na sociedade livre e feliz da pátria para onde rumou.

Na noite de 8 de abril de 2002, no Centro Espírita Caminho da Redenção, em Salvador (BA), durante as terapias mediúnicas de socorro aos desencarnados, o dirigente espiritual escreveu a bela página sobre a Esfera de nossa origem.

13

O Mundo espiritual

Causam estranheza e, muitas vezes, recebem críticas ácidas as revelações em torno da realidade do Mundo espiritual, das suas estruturas *físicas* e organização comunitária, que são tidas como fantasias de mentes delirantes ou de médiuns portadores de transtornos megalômanos.

O comportamento ancestral céptico do indivíduo prefere conceber o *modus vivendi* existencial após a morte como de natureza quase abstrata, eliminando quaisquer evocações terrestres, típicas da existência que ficou na retaguarda.

Outras vezes, os atavismos de antigas crenças pertinentes a religiões ortodoxas, ressurgem em formulações que dão lugar a concepções tão metafísicas, que alcançam as concepções em torno de um céu pulverizado de estrelas e de bênçãos parasitárias sem término. Ainda aí reponta a visão terrificante de um inferno apenas interior, onde os calcetas e perversos *ardem nas chamas do remorso*.

Teima-se em negar ainda as características que evocam os complexos da civilização humana no orbe terrestre.

Esquecem-se de que, sendo a expressão carnal, as comunidades físicas são condensações da energia no plano da matéria organizada, porém, procedentes do Mundo espiritual, que é causal.

Cópia imperfeita do mundo além da forma material, depreende-se que as imperfeições na sociedade do planeta decorrem das condições em que se apresenta no processo da evolução.

De acordo com a proximidade da Terra, os círculos espirituais concêntricos apresentam caráter especial bem definido que as estruturas físicas do mundo consolidam.

À medida que se distanciam, habitados por Espíritos mais evoluídos, felizes uns e ditosos outros, as suas *edificações* somente chegarão à crosta do planeta, quando a cultura, a ética e a civilização alcançarem mais nobres patamares.

Nessas Esferas luminíferas igualmente vinculadas ao planeta terrestre – algumas delas mais especialmente – estagiam os missionários da Ciência, da Beleza e do Amor que, ao se reencarnarem no mundo físico, fomentam o desenvolvimento tecnológico, auxiliam as conquistas do conhecimento científico e contribuem com os valiosos recursos para apressar o progresso e conduzir os seres humanos a estágios mais nobres.

Simultaneamente, nas regiões de angústia e dor, de reparação e de arrependimento, as densas vibrações dos seus habitantes desencarnados *reconstroem* os antigos lares e experienciam as organizações sociais e políticas que são compatíveis com a necessidade do progresso ou de recomeço através dos sofrimentos.

Pululam, desse modo, no orbe terrestre e à sua volta cidades e conglomerados com instituições e hábitos humanos, às vezes, tão semelhantes que um observador, menos atento, suporia encontrar-se na Terra, em agregados infelizes ou sítios pestilenciais onde a miséria moral e o descalabro fazem morada.

Atraídos magneticamente, e em razão das afinidades morais e comportamentais, os maus são recebidos pelos seus semelhantes, que se rejubilam, enquanto aqueles que se permitiram vinculação com os exploradores psíquicos, nos tormentosos fenômenos obsessivos, prosseguem em hebetação até quando lhes ilumina o discernimento e optam pelo despertar e transferência para Núcleos de refazimento e de paz.

Não há qualquer tipo de violência nas Leis de Deus, nem ocorrências milagrosas que transfiram para regiões ditosas os Espíritos que se acumpliciaram com o crime e a hediondez ou preferiram a ignorância, o desrespeito aos códigos dos deveres.

O crescimento íntimo dá-se passo a passo, assim como a libertação do primarismo ocorre mediante esforços contínuos.

O Mundo espiritual, compreensivelmente, apresenta-se em variado aspecto, quase infinito de graduação, qual ocorre na Terra, se examinadas as comunidades onde enxameiam a desnutrição, as enfermidades epidêmicas, as doenças cerebrais e neurológicas dilaceradoras, os distúrbios mentais, passando pelas vilas mais bem-ordenadas e cidades com as suas infraestruturas proporcionadoras de higiene e saúde, até se alcançarem as megalópoles, nas quais a tecnologia avançada conseguiu realizar, inimagináveis antes, edificações ricas de conforto, bem-estar e beleza.

A diferença básica ressalta nos seus habitantes, que diferentemente dos atormentados que se movimentam ao lado dos pacíficos, dos criminosos que andam misturados aos honrados, na azáfama e balbúrdia, no trânsito perturbador e na disputa pela conquista de destaque social ilusório, encontram-se em refazimento e em paz, experimentando a harmonia e o equilíbrio, o respeito e a amizade sinceros, confraternizando uns com os outros, deixando que a truculência e o desajuste permaneçam temporariamente apenas nas áreas reservadas ao socorro que lhes é necessário, que ali são hospedados para conveniente atendimento e orientação, no momento próprio.

Ninguém conseguirá a transferência do corpo físico para herdades feitas de luz e campos de infinitos gozos, sem transitarem antes pelas faixas intermediárias da depuração e do refazimento.

Allan Kardec, examinando a Erraticidade e os seus habitantes, com a sua lógica de bronze penetrou-a e conseguiu ouvir alguns daqueles que lá se encontravam, em diferentes níveis de evolução, desde os criminosos cruéis aos suicidas insensatos, às vítimas de homicídios nefandos, bem como aos generosos e afáveis, cumpridores dos seus deveres, missionários e apóstolos que trouxeram os seus depoimentos de acordo com as *moradas* onde se encontravam.

Não são poucos, igualmente, os Espíritos que permanecem imantados à crosta terrestre, aos familiares, aos hábitos, aos sentimentos, escravizados pelo ódio, pelo desejo de vingança ou pela morbidez das paixões inferiores, que denominam como amor.

O amor, em verdade, rompe os grilhões das paixões e ala o ser no rumo do Inefável Amor, a fim de facultar-lhe, por sua vez, erguer também, quem não quis ou não soube receber-lhe o influxo.

Somente os sentimentos de apego em sua forma de paixões asselvajadas retêm nas regiões inferiores, que a mitologia religiosa denominou acertadamente como Purgatório, porque de trânsito, e equivocadamente de Inferno, por não serem eternas.

O Paraíso, na sua graduação, é constituído por comunidades que se multiplicam em bênçãos de harmonia e de plenitude, alcançando faixas vibratórias de beleza inimaginável e de amor incomparável.

Na Casa de meu Pai há muitas moradas – acentuou Jesus com propriedade, anunciando que, além de o *Reino dos Céus encontrar-se no coração*, lugares existem onde é realidade indestrutível.

Durante a reunião mediúnica de socorro aos desencarnados, no Centro Espírita Caminho da Redenção, em Salvador (BA), na noite de 10 de abril de 2002, o bondoso mentor entreteceu as considerações abaixo, através da psicografia.

14

Vida social do Além-túmulo

A sociedade é o organismo complexo que reúne as criaturas humanas, como células individuais que são, trabalhando-as em favor da harmonia geral.

Conquista do processo de evolução, é passo agigantado do período de primarismo, quando o ser, em fase de instinto gregário, buscou outrem, do qual se acercou formando o grupo tribal que evoluiu para a vida social.

Esse desenvolvimento, que enriquece os seus membros com valores qualitativos, constitui instrumento valioso para a lapidação das arestas morais e o aprimoramento das expressões elevadas que permanecem em latência.

Nesse intercâmbio de interesses e necessidades, as aspirações se sutilizam e os fenômenos egoicos, a pouco e pouco cedem lugar ao altruísmo, por cuja contribuição a fraternidade se estabelece sem jaça.

Na vida social, o progresso se manifesta, tendo-se em vista as necessidades do grupo que se aprimora e cresce em aspirações cada vez mais complexas e sutis.

A Ciência e a arte, a tecnologia e o pensamento, a ética e a religião apresentam-se como veículos poderosos para que se consiga alcançar os melhores resultados que sempre culminam na felicidade, no bem-estar, na saúde, na harmonia...

Cada período da sociedade assinala-se pelas suas glórias ou misérias, não obstante os passos do progresso conseguido na esteira do tempo, que são sempre gigantescos.

Na Terra, no entanto, os limites orgânicos estabelecem também a finitude, a dimensão pequena dos logros da evolução, que se circunscrevem aos fatores econômicos, morais, em favor da própria sociedade.

No Além-túmulo, porém, pelas características de que se reveste a vida social, os seus patamares multiplicam-se ao infinito, não havendo qualquer limite para as aspirações e conquistas do espírito.

Pujante, a vida social no Mundo das causas é rica nas Esferas superiores, de beleza e de realização, onde se equipam os missionários da evolução da Humanidade para transferir para a Terra o que se apresenta como invento e penetração no âmago dos enigmas cósmicos e microscópicos.

Longe vão os tempos ingênuos em que se acreditava em uma vida social além do corpo, destituída de vibração e de movimento, de ação e de trabalho.

O Espiritismo veio demonstrar que o Céu utilitário e sem finalidade, no parasitismo estático da contemplação infinita, e o Inferno de eterna punição não passam de conceitos míticos do agrado arquetípico dos privilégios e das punições cruéis.

As estâncias felizes, ao contrário das megalópoles terrenas, são colmeias vivas de amor e de ação, felicitando os seus habitantes com os gozos que se derivam da consciência lúcida e em consonância com as Leis de Deus, impulsionando o Espírito a incessantes buscas e aprendizagens na ânsia da conquista de sabedoria.

Comunidades resultantes da afinidade de interesses e conquistas morais, harmonizam-se pelas metas que perseguem e através dos labores que empreendem.

Entre elas reina a perfeita confiança e a afetividade é destituída de paixões egoísticas e tormentosas, propiciando relacionamentos duradouros em delineamentos de realizações futuras para o bem geral.

Educandários de grande porte preparam aprendizes da beleza e do conhecimento, a fim de que, periodicamente, como *chuvas de estrelas*, caiam sobre a Terra, iluminando os sombreados caminhos humanos, libertando as criaturas das injunções severas e penosas dos flagelos destruidores, das enfermidades dilaceradoras, das angústias punitivas, da ignorância e da perversidade...

Aptos para a renúncia que treinaram nesses santuários de bênçãos, afadigam-se na edificação do bem e da Verdade, sem guardarem outra qualquer recompensa ou entendimento, que não sejam expressos na paz da consciência.

Nesses infinitos ninhos de amor luz o verdadeiro entendimento dos Soberanos Códigos, e a imaginação rompe as amarras que a limitam, facultando a elaboração de incomparáveis paisagens e edificações onde vivem e se movimentam.

Isto, porque à medida que ascende, o Espírito se liberta da condição de *escravo do trabalho*, passando a realizá-lo por necessidade e alcançando o nível superior do anseio de beleza e sublimação.

O esforço físico e a atividade braçal, tão comuns na Terra, são substituídos pela ação mental que plasma, que movimenta, que vitaliza e aperfeiçoa em razão do perfeito controle das faculdades psíquicas que expressam Deus no ser em crescimento.

De alguma forma, já se podem observar no planeta alguns desses aspectos de fácil presença, quando a robótica substitui seres humanos em tarefas desgastantes e a informática proporciona operações fantásticas que antes constituíam desafios, nem sempre vitoriosos.

Os equipamentos sofisticados da Biônica, da Engenharia Genética, da Biologia Molecular, da Computação, apenas para citar alguns, que chegaram ao planeta nos cinco últimos decênios, são materializações dos extraordinários instrumentos dessas Esferas espirituais, encarregadas de fomentar o progresso humano e apressar a transição do *mundo de provas e de expiações,* facultando sejam instaladas as bases do *mundo de regeneração.*

Esses Espíritos que mergulham em grupo social, procedentes do Além-túmulo, vieram no século V de Péricles, na Grécia antiga e se corporificaram como Praxíteles, Ésquilo, Sófocles, entre muitos outros, para ressurgirem nas indumentárias de Sócrates, Platão, Aristóteles, Leucipo, Lucrécio, Demócrito e avançarem para os dias de Caio Júlio César Otaviano, na investidura de Marco Aurélio, Tito Lívio, Mecenas e sucessivamente na Escola neoplatônica de Alexandria, no período medieval, no Renascimento até os dias atuais, alterando o planeta nas suas variadas expressões.

A vida social, no Além-túmulo, real e formal, ativa quanto grandiosa, é o celeiro de luz de onde a Divindade transfere para o mundo físico os germes de vida, de beleza e de sabedoria, a fim de arrastar nas suas redes de amor e de serviço os Espíritos ainda tardos ou renitentes na ignorância que, igualmente, irão viver nesses pousos de plenitude da Erraticidade, quando libertados da canga das paixões e das impurezas morais.

A reunião mediúnica de desobsessão, no Centro Espírita Caminho da Redenção, em Salvador (BA), na noite de 21 de agosto de 2002, seguia o seu curso, quando o benfeitor, analisando os estudos que a precederam, ditou a seguinte mensagem psicografada.

15

O PAÍS DOS SONHOS

Durante o sono fisiológico ou natural, o Espírito desprende-se parcialmente do corpo, volvendo ao seu hábitat normal, que é o Mundo de origem, onde se movimenta conforme os seus níveis de evolução.

Quanto mais enobrecido melhores possibilidades frui, conseguindo movimentar-se com facilidade e presteza. Quando saturado de energias densas e primárias, permanece em perturbação como consequência das intoxicações mórbidas que se exteriorizam da organização física.

O sonho representa uma abençoada concessão da vida ao ser humano, de modo a não lhe permitir o deslocamento completo da realidade, seguido de amnésia em torno da Espiritualidade.

Conforme as aspirações cultivadas e os programas emocionais estabelecidos, mediante compreensível identificação vibratória, o Espírito é atraído para os recintos e companhias compatíveis com os anelos do sentimento.

Nesse período de lucidez, que é relativa ao estado de evolução de cada ser, reafirmam-se propósitos dignificantes, participa-se de atividades relevantes, revisam-se projetos reencarnatórios, recebem-se orientações e esclarecimentos seguros para ser incorporados ao roteiro humano após o despertar.

Noutras vezes, são realizadas viagens de aprendizagem a regiões ditosas e a mundos superiores, onde a cultura e a civilização alcançaram patamares elevados e radiosos que deslumbram, imprimindo nos delicados tecidos da memória espiritual os seus painéis e lições de superior conteúdo.

Reencontros ditosos e convivências felizes fazem-se promissores, ensejando o robustecimento dos valores morais e das energias para os enfrentamentos incontáveis da jornada carnal.

Ocorrem ali também recordações de outras existências já experienciadas, com o objetivo de esclarecer ocorrências menos felizes e convivências desafiadoras.

Paisagens iridescentes quanto fascinantes, totalmente desconhecidas e constituídas por substâncias jamais vistas, imprimem-se no Espírito, motivando-o a um incessante desenvolvimento dos tesouros morais que dormem nos refolhos do ser, aguardando os fatores propiciatórios para o seu desabrochar.

Experiências luminosas alargam as percepções espirituais, ensejando prolongamentos em contínuos retornos na sucessão do tempo, desde que constituem os fundamentos da vida em cujo programa todos nos encontramos incursos.

As lembranças que remanescem desses momentos, resultam do estágio emocional e de desprendimento das paixões primevas que constituem obstáculo ao claro conhecimento da ocorrência onírica.

Sob o mesmo ângulo de libertação parcial, considerando-se o atraso moral do Espírito, nesse comenos de liberdade, defronta adversários cruéis quanto pertinazes, que ameaçam e criam situações penosas, que se transformam em severos pesadelos, atormentando e gerando episódios fóbicos em relação ao sono, assim desequilibrando a organização somática, que instalará transtornos depressivos com ligações obsessivas de breve ou longo curso.

Igualmente, a atração pelos sítios doentios nos quais se homiziam o crime, a hediondez e a depravação, arrastam o ser, mais o aturdindo e intoxicando-o como consequência da sua ligação morbífica com essas regiões de sordidez.

Enfrentando as recordações insanas e de outras existências inditosas que ressumam à memória atual, atoleima-se ante as torpes ações a que se entregou, volvendo ao corpo sob os crepes da amargura, do medo ou açulado nos desejos inferiores a que se permitiu numa inconsciência lamentável...

O País dos sonhos é o Mundo espiritual, com as suas glórias e conquistas, mas também com as suas lôbregas áreas de sofrimento e de perversão que os Espíritos atrasados cultivam e nelas se comprazem até o momento quando lhes luzir a claridade sublime da elevação moral.

O Espírito, não obstante encarcerado no corpo, capta também por percepção automática os acontecimentos à sua volta, de forma consciente ou não, que permanecerão arquivados no inconsciente individual profundo, do qual emergem nos estados oníricos, confundindo-se com as ocorrências espirituais, transformando-se em bênção ou dando lugar a conflitos.

Em face dos impulsos sexuais mal direcionados e dos tormentos estabelecidos, estes se convertem em *clichês vivos* que reaparecem durante o estado onírico, confundindo-se com as imagens da realidade extrafísica, produzindo perturbações e desestruturando, às vezes, a personalidade.

Nesse capítulo valioso, a contribuição da Psicanálise é relevante e oportuna para libertar o inconsciente dessas impressões conflitivas.

Mesmo assim, sob as cargas dos registros inconscientes dos acontecimentos externos e dos distúrbios internos de pensamento e de conduta, o defrontar do Mundo espiritual em cada desprendimento parcial pelo sono abre as portas da percepção da realidade do ser, que oportunamente retornará ao plano vibratório de sua origem, onde reprogramará o futuro em outras tentativas regeneradoras, sem que se rompam os vínculos com os poderosos núcleos de onde procede.

Existências assinaladas pelo equilíbrio, pelos valores éticos e conquistas do amor, vivenciando a oração, a dignidade e o bem, conseguem retornos felizes à Espiritualidade, navegando na *barca* do sono no rumo do ditoso País dos sonhos, de onde se procede e para onde se retorna quando se rompem os laços da matéria, terminada a jornada reencarnatória.

Os sonhos estão profundamente vinculados ao estado emocional e espiritual de cada criatura, que se desprende parcialmente durante o repouso físico, para dar prosseguimento aos interesses e anelos, aspirações e lutas, na esfera dos arquivos pessoais ou no Mundo parafísico ao qual volve nessa ocasião.

Enquanto se manifestavam por psicofonia diversas Entidades sofredoras, algumas impertinentes e perturbadoras, na reunião de desobsessão do Centro Espírita Caminho da Redenção, em Salvador (BA), o benfeitor escreveu a página que intitulou como.

16

Espairecimentos espirituais

Consoante o estágio de evolução de cada Espírito, variam expressivamente as comunidades onde se reúnem, habitando-as durante os intervalos das reencarnações.

Não obstante, considerando as esferas intermediárias entre a vida física e as mansões felizes, prólogos das regiões sublimes ou celestiais, a vida social e familiar é rica e empreendedora.

Não experimentando a fadiga física conforme sucede nos planos materiais, pela ausência dos órgãos somáticos que respondem pela preservação da existência, as ações nobilitantes e os compromissos de elevação fazem-se em escala de equilíbrio intermediadas pelos períodos de espairecimentos e belezas.

Além das reuniões nos ninhos domésticos ou nas instalações coletivas onde são evocados os acontecimentos pretéritos com vista à superação, se negativos, ou à ampliação de recursos iluminativos, quando felizes, as conversações são pródigas em planos para os reencontros futuros e projetos de auxílio que se estendem abençoados, direcionados aos afetos que ficaram na retaguarda carnal.

Ademais, a convivência fraternal e afetuosa propicia excelentes roteiros para o engrandecimento das aptidões morais e culturais, que deverão ser desdobradas quando de futuras experiências na Terra.

Simultaneamente, multiplicam-se estâncias e recantos de invulgar estesia, favorecendo a inspiração para os cometimentos nos quais as reminiscências restaurarão as alegrias e a coragem, quando a rudeza das provas e a exaustão dos sentidos parecerem conspirar contra o sucesso dos compromissos. Recuperarão as forças e fomentarão o entusiasmo para que não haja desfalecimento ou abandono de tarefas.

Em áreas ajardinadas com *vegetação* exuberante e desconhecida no orbe terrestre, que aromatizam a brisa com a explosão magnificente de flores, ocorrem espetáculos de arte sob as mais variadas expressões.

O teatro e as transmissões de deslumbrantes ocorrências em outros planos mais elevados, superam a televisão e a comunicação virtual conhecidas, porque as personagens assumem o aspecto real, tridimensional e não plano conforme no mundo físico e sem a necessidade de qualquer equipamento óptico, facultando, de alguma forma, que os espectadores sintam-se também participantes das ocorrências.

Tanto são apresentadas em páginas vivas os fastos da História da Humanidade, como as mais nobres obras da dramaturgia conhecida no planeta, acrescentadas da contribuição de experiências mais elevadas e inspiradoras, que foram a fonte inicial na qual os seus autores hauriram as informações para elaborá-las.

A música sublime, além de *cantar* na atmosfera, assume excelsa beleza, quando executada por especialistas hábeis e seus delicados instrumentos, que conseguem arrancar melodias transcendentes da Natureza, penetram o ádito dos ouvintes deslumbrados, que jamais as esquecerão. Não apenas vibra em sons harmoniosos como se expressa em cores de difícil definição que resultam das vibrações de que se constituem.

A dança *materializa* nos palcos luminosos e evocativos dos anfiteatros greco-romanos, acontecimentos espirituais que na Terra foram concebidos como criados por gênios, fadas, mitos, narrando a epopeia e a glória da vitória da vida sobre todas as vicissitudes e do amor pairando sobranceiro em todas as conquistas do pensamento.

Conferências de conteúdos complexos e inabituais, profundos e caracterizados pela realidade em forma de sabedoria, apresentadas por expositores de outras esferas, encantam e iluminam a inteligência sem entorpecerem o sentimento.

O contato e o diálogo com os mensageiros da Luz, que seguirão à Terra para promover-lhe o progresso cultural, social, tecnológico, artístico e moral facultam alegrias inefáveis.

Experiências em desdobramento são apresentadas aos interessados em crescimento interior, sempre objetivando a sublimação da criatura na sua incessante busca do Criador.

Programas de engrandecimento moral e espiritual em forma de recreação para a mente e sua educação, para os hábitos e sua modificação para melhor, desdobram-se continuamente, ensejando crescimento pessoal enquanto se estabelecem novos roteiros de renovação psíquica e emocional sempre com vistas à plenitude.

Os espairecimentos não cansam, não produzem tédio quando passam, ou saudade após fruídos, porque se incorporam ao Espírito, vitalizando-o com energias especiais que lhe dão alegria e facultam permanente bem-estar.

Não apenas o trabalho existe em nossas Esferas espirituais, mas também as Bênçãos de Deus expressam-se de formas muito variadas, demonstrando-nos o Seu Amor e o Seu interesse constante no burilamento das imperfeições e superação total da inferioridade.

Não existindo o cansaço, igualmente ninguém desfruta de ociosidade, porque a Lei de Trabalho é estimuladora e referta de compensações emocionais, algo diferindo do esforço que se empreende no mundo físico, quase que à semelhança de canga mortificante ou de dever impostergável para a própria e a sobrevivência do grupo social no qual cada um se encontra.

Os planos espirituais são pulsantes e vivos, distantes das narrativas teológicas do passado, onde a inutilidade e a contemplação preencheriam o tempo da Eternidade...

Conforme, portanto, as aspirações e realizações de cada Espírito, este se sediará em ambiente adequado ao seu desenvolvimento intelecto-moral, encarregado da ascensão a planos cada vez mais felizes, sem sombra nem dor, sem ansiedade nem aflição.

Durante a reunião de desobsessão da noite de 19 de setembro de 2002, no Centro Espírita Caminho da Redenção, em Salvador (BA), enquanto se comunicavam diversos Espíritos sofredores, o benfeitor espiritual escreveu a página que segue.

17

Atividades espirituais

A dinâmica da ação é lei da vida. Em toda parte o movimento trabalha em favor da ordem e do equilíbrio. Por consequência, o repouso, a ociosidade propiciariam a ocorrência do caos.

Tudo quanto parece imóvel e imutável encontra-se em completa agitação, que os órgãos dos sentidos humanos e alguns delicados e complexos aparelhos não conseguem captar.

Sendo a vida terrestre natural efeito do Mundo causal, de energia e de programação, neste as ações são responsáveis pelos valores que trabalham para a evolução espiritual do ser.

Nesses mundos intermediários entre o físico e os mais felizes reinam incomparáveis movimentos de edificação, porquanto, também eles prosperam com a sua comunidade espiritual ascendendo na escala superior infinitamente.

Os Espíritos que neles estagiam, são convidados a atividades inumeráveis, graças às quais dão prosseguimento aos labores que experienciaram na existência corporal e a morte não conseguiu interromper.

De outras vezes, programaram futuras realizações que deverão enfrentar, contribuindo para a renovação do planeta e a superação dos males que afligem as criaturas que hospedam.

Pesquisas nas diversas áreas da ciência, da tecnologia, do pensamento, das artes, da fé religiosa ampliam a capacidade de entendimento dos seus realizadores, que mais tarde transferirão para o planeta em ministérios enriquecedores e felizes.

Escolas e Universidades especializadas transferem o conhecimento das Esferas ditosas para esses laboriosos buscadores da verdade, que se capacitam para os futuros cometimentos iluminativos.

Não havendo lugar para a inação, o trabalho fraternal de auxílio recíproco faculta que sejam organizadas caravanas especiais de socorro às criaturas humanas, que passam a ser tuteladas pelo nobre auxílio, a fim de que se renovem, tenham as suas aflições minoradas quando não cessadas, e o amor se encarregue de equacionar os tremendos conflitos gerados pelo ódio, pela vingança e pela revolta, que remanescem naqueles que pretendem desforçar-se dos males de que foram vítimas, e sem apoio na confiança irrestrita em Deus, que a tudo corrige pelo amor, tomam nas mãos a clava da justiça e enlouquecem, ampliando os círculos das obsessões e as manifestações de doenças e dramas de toda natureza, que infligem aos seus desafetos com objetivos destrutivos...

Aprende-se a ajudar em anonimato reconfortante, oferecendo-se apoio e inspiração àqueles que se encontram algemados aos vícios e aos tormentos, sem nunca deixarem desanimar, mesmo quando os resultados não se fazem auspiciosos.

Treinam misericórdia em visitas de auxílio e amparo às regiões de sofrimentos inenarráveis, de onde procuram retirar aqueles que se apresentam com melhores disposições íntimas para o refazimento pessoal.

Assumem responsabilidades com muitos daqueles que aportam às províncias onde residem como náufragos, e são internados em clínicas próprias de acordo com as mazelas que conduzem, assim como de repouso e refazimento, para a adequada reconquista da saúde e da paz interior.

Simultaneamente, reconstroem-se grupos familiares que volverão à Terra, a fim de repararem equívocos juntos ou construírem novas edificações de harmonia.

Não sendo necessários largos períodos para o repouso, em razão da inexistência do cansaço, o desenvolvimento de atividades é sempre ampliado, com intervalos de auspiciosos encontros de arte e de beleza ou para se poder fruir as esplendorosas mensagens da Natureza sem a poluição mental, geradora das demais que ameaçam a vida terrestre.

Os Espíritos intercambiam sentimentos de afetividade pura e profunda, sem quaisquer tormentos egotistas e derivados das faixas primevas do processo evolutivo.

O sexo apresenta-se sem as particularidades morfológicas, mantendo-se as expressões recentes da reencarnação anterior, porém, sem os impulsos perturbadores da libido, a manifestar-se em outros departamentos da emotividade.

Não há competição destrutiva, em que alguns pretendam o pódio da glória, porque o maior servidor sempre passa sem a ostentação nem a volúpia da fatuidade humana.

Todos se empenham em trabalhar pelo próprio, assim como pelo crescimento geral, esforçando-se em cooperar e produzir, conscientes dos deveres que promovem a realização da felicidade.

Desde as mais inexpressivas até as mais desafiadoras atividades, esses Mundos espirituais ensejam o prosseguimento da vida em contínuo dinamismo.

Eis por que o ultrapassado conceito *morrer para descansar* faz-se substituído por *viver além da morte* para prosseguir em crescimento infatigável no rumo do Infinito.

Treine-se na Terra a ação que prodigaliza ventura, e após a morte do veículo físico prosseguir-se-á em atividade ordeira e confortadora com que sempre se apresentará a vida no seu sentido imortal.

Enquanto as atividades mediúnicas da noite de 21 de novembro de 2002, no Centro Espírita Caminho da Redenção, em Salvador (BA), prosseguiam no atendimento aos desencarnados em sofrimento, o guia espiritual escreveu a página abaixo.

18

Sessões espíritas mediúnicas

As reuniões experimentais ou fenomênicas do Espiritismo têm por meta essencial o estudo da imortalidade do Espírito e da sua comunicabilidade, do qual surgem as bases seguras para a crença racional em torno da preexistência e da sobrevivência do ser às manifestações biológicas da existência física.

Programadas por investigadores conscientes e responsáveis, ensejam o intercâmbio espiritual que permite os diálogos, os estudos e pesquisas compatíveis com a estrutura de que se revestem.

Dignas de consideração e de apoio, são responsáveis pelo mister de contribuir com os fatos probantes da supervivência à morte e da realidade da vida antes do berço, no Mundo causal onde se origina.

No que concerne, porém, às reuniões espíritas mediúnicas, defrontamos compromisso bastante diferenciado no que diz respeito à investigação pura e simples.

Programadas pela Espiritualidade, são constituídas por um grupo de pessoas sérias, assíduas e conscientes do seu significado, comprometidas com a ação da caridade em forma de terapêutica eficiente para os desencarnados em aflição.

Os Espíritos encarregados de executar o labor são os que estabelecem as diretrizes de segurança e roteiros para a ação durante o empreendimento especializado.

Inicialmente cuidam de organizar as defesas vibratórias para o grupo e para o local onde se desenvolvem, realizando atividades que se caracterizam por construções fluídicas, resistentes às invasões das Entidades perversas que se comprazem em criar dificuldades para os membros encarnados.

Destacados especialistas para o programa de comunicações, dias antes da sua execução, organizam o mister e selecionam aqueles Espíritos que se devem comunicar por meio dos médiuns do grupo, elegendo-os conforme as Leis das Afinidades fluídicas portadoras de campos vibratórios que facultem o correto fenômeno mediúnico.

Quando se trata de ocorrências especiais – comunicações de suicidas, de homicidas, de obsessores, de criminosos cruéis –, são esses Espíritos conduzidos horas antes, às vezes, com mais de um dia, a fim de serem criados condicionamentos psíquicos que propiciem a diminuição das suas cargas de energia deletéria, de forma que, durante a psicofonia, o médium seja poupado de desgaste excessivo e o visitante seja automaticamente beneficiado, tendo diluídas as construções mentais perturbadoras, assimilando as informações que lhe serão oferecidas. Ao mesmo tempo, o conjunto vibratório opera no necessitado de orientação benefícios imediatos, que o libertam das fixações dos lugares de onde procede, despertando-lhe a consciência para o êxito da *incorporação* saudável.

Concomitantemente, as operações que aplicam a bioenergia e saturam-lhe o perispírito com outras *moléculas* de força, constituem uma terapia significativa e imediata, que o ajudará a recompor-se interiormente, ao tempo em que passa a considerar como de urgência o impositivo da autoiluminação.

Por sua vez, cada médium responsável e consciente do trabalho que lhe diz respeito, faz-se maleável às comunicações, porque sintonizado com os diretores espirituais, eles intuem-lhe a maneira como comportar-se, superando conflitos íntimos, ideias perturbadoras e hábitos mórbidos, que lhes constituem verdadeiros tormentos...

Tornando-se dúcteis à inspiração inicial do desencarnado e deixando-se conectar psiquicamente, o intermediário assimila a personalidade, o pensamento e os sentimentos daquele que dele necessita, desse modo, auxiliando-o para a desincumbência da tarefa.

Não raro, a programação espiritual estabelece como transcorrerão as comunicações, quais as providências tomadas para evitar transtornos e perturbações, no entanto, especialistas em contribuição magnética encontram-se a postos para interferir caso haja distúrbios ou agressividade desnecessária daqueles que se comprazem no mal e se elegem como vingadores e contumazes inimigos do progresso, da paz.

Instrumentos delicados, de alta tecnologia, são utilizados durante as manifestações mais vigorosas, de modo que sejam realizadas cirurgias nos enfermos espirituais, vitimados por auto-obsessões ou alo-obsessões, ou que se tornaram portadores de implantes de células supersensíveis que os enlouquecem sob comando exterior.

Assistentes espirituais, preparados para o serviço de enfermagem posterior e condução a atendimentos específicos em outros momentos, cooperam com os instrutores com os quais trabalham em uma equipe harmônica sob o comando do mentor responsável pela reunião espírita mediúnica.

Depreende-se, desse modo, que os membros que constituem a reunião encontram-se comprometidos com o conjunto, não se devendo permitir situações embaraçosas cujos efeitos se refletirão no todo.

Organizada a tarefa e estabelecidos os parâmetros de ação, espera-se que a equipe de colaboradores encarnados encontre-se igualmente sintonizada com a atividade, a fim de ser conseguido o êxito anelado.

Quando o médium ou o doutrinador por motivo frívolo falta ao compromisso, exige que seja modificado o roteiro estabelecido, quando isso é possível, sendo tomadas as providências de urgência, certamente previstas pelos mentores, já que eles não agem por ações de improviso.

Esse conjunto de trabalho harmônico obedece a um ritmo seguro, que somente os membros encarnados podem perturbar.

A reunião espírita mediúnica, portanto, com objetivos socorristas, obedece a um processo de delineamento equilibrado para que, concluído o tempo que lhe é reservado, distendam-se os socorros além da esfera física com a presença ou não dos participantes parcialmente desdobrados pelo sono fisiológico.

A sessão mediúnica séria e responsável é laboratório espírita para atividades psicoterapêuticas aos transeuntes de ambos os planos da vida, contribuindo eficazmente para o equilíbrio e a saúde total dos Espíritos.

Na aludida organização, prevê-se a mensagem do nobre amigo espiritual dirigente que culmina o empreendimento, deixando a luz do consolo e da esperança nas mentes e nos corações afervorados.

Desse modo, o elevado mister socorrista constitui expressiva experiência de caridade, em razão do anonimato daquele que vem rogar ajuda e da generosidade de quem a oferece, conforme recomendava Jesus: *Dando com a mão direita, sem que a esquerda tome conhecimento.*

Enquanto as atividades de socorro espiritual prosseguiam, na noite de 27 de janeiro de 2003, no Centro Espírita Caminho da Redenção, em Salvador (BA), destacou-se uma comunicação evocativa de um matrimônio fracassado com as danosas consequências que seguiram ao Além-túmulo. Nesse comenos, o benfeitor escreveu a página que segue.

19

Esponsalício espiritual

Em face da realidade do Mundo causal, que preexiste e sobrevive à transformação molecular, as programações e os métodos hábeis para o desenvolvimento dos Espíritos no seu processo de crescimento intelecto-moral de lá procedem, não se podendo, no entanto, desconsiderar os fatores fortuitos, que decorrem das experiências físicas e do livre-arbítrio de cada um, durante a jornada no proscênio terrestre.

Considerando-se as afinidades emocionais, os relacionamentos entre as criaturas facultam alterações da programática, nos seus métodos, embora não se modifiquem os objetivos essenciais da reencarnação.

A irrupção das tendências perturbadoras, que remanescem nos refolhos do ser espiritual, podem ressumar ante os estímulos da convivência humana, precipitando condutas ou postergando-as, graças ao que, muitos Espíritos se resolvem por assumir atitudes que não foram delineadas, como natural efeito da precipitação moral e da imaturidade emocional.

Assim ocorre no que diz respeito às uniões conjugais, em muitas das quais a predominância dos impulsos sexuais em detrimento dos sentimentos profundos termina por gerar situações lamentáveis, que não se encontravam desenhadas para tomar corpo.

A vigorosa vigência do instinto por sobre a razão torna impulsivo o indivíduo, que, não educado emocionalmente para superá-lo, deixa-se arrastar pelos caprichos do imediato, dando lugar a ocorrências desastrosas no futuro.

As licenças morais que fazem parte da ética moderna, reduzem o ser humano a somente um feixe de manifestações primárias que devem ser atendidas prioritariamente.

Em razão disso, os sentimentos permanecem adormecidos ou são mutilados, não se podendo expressar de forma significativa a ponto de conduzir com equilíbrio o ser no rumo da sua destinação histórica, que é a perfeição. Isso faz que se detenha nos meandros das sombras, vitimado pelos arrependimentos graves ou carregado pelo fardo da culpa que o martiriza, quando seria muito mais fácil uma jornada de harmonia como decorrência do respeito às Leis do Amor que vigoram em toda parte.

A educação no lar, igualmente permissiva, estimula a formação de caracteres débeis, que pretendem experimentar os prazeres até a exaustão, antes mesmo do correspondente amadurecimento psicológico para saber fruí-los em forma de felicidade, e não de desbordamento de paixões, que são o suceder de gozos rápidos, fugazes, insatisfatórios...

Malogram, dessa forma, não poucos projetos espirituais que foram trabalhados antes da reencarnação, assim retardando o avanço espiritual, não raro sobrecarregando o ser de penosas injunções. Certamente, nunca ocorre fracasso no processo de crescimento espiritual, porquanto as experiências malsucedidas transformam-se em verdadeiras bênçãos que ensinam a como não mais atuar dentro desses padrões errôneos de comportamento.

A morigeração dos hábitos, a reflexão antes das ações, a introspecção que faculta identidade de significados próprios para a felicidade devem ser assumidas durante a trajetória humana, de forma que em cada passo do processo de crescimento haja sempre estrutura de segurança para mais audaciosas conquistas.

A frivolidade que domina em praticamente todos os arraiais do pensamento social no planeta, as falsas necessidades que se convertem em imprescindíveis para a plenitude, a busca incessante de jogos prazerosos respondem pela desestruturação psicológica do ser, que mesmo fugindo aos compromissos aceitos antes do berço, guarda-os em forma de tendência ou de reminiscência que estimulam à realização profunda. Não se permitindo aceitar a marcha pela trilha estabelecida, à medida que os vapores da ilusão passam, os transtornos depressivos e fóbicos, as angústias e as obsessões assomam, gerando profundas perturbações em que as alegrias se estiolam e as esperanças esmaecem, dando lugar a sofrimentos que poderiam ter sido evitados.

Na formulação das trajetórias reencarnatórias, os programas de união conjugal, de conquistas emocionais, de realizações iluminativas têm prevalência.

No que tange aos esponsais, ao cumprimento dos deveres junto aos seres elegidos, adredemente estabelecidos, a incúria pode levar aqueles que se encontram comprometidos a alterações de conduta, em face das opções apressadas quando elegem outros indivíduos que se lhes acercam e os atraem, facultando a formação de uma família que não seria a ideal conforme aquela com a qual se encontrava comprometido.

Isso não impede, porém, de ser estabelecido um vínculo novo que pode perfeitamente se estreitar sem qualquer prejuízo. Ocorre, no entanto, que passados os fenômenos orgânicos do prazer sexual e despertando-se para sentimentos mais profundos que não existem, sejam vitimados pelo tédio, pelo desinteresse, pela rotina da convivência, escorregando para desvios morais e conjugais que perturbam a união.

É, dessa forma, que muitas famílias se desestruturam, esfacelam-se, dando lugar a tormentos que poderiam ser evitados se os seus membros procurassem agir com menos violência e mais ponderação, pensando na realidade de seres imortais que são, em vez de nautas imprevidentes quanto irresponsáveis que buscam praias de repouso e inutilidade.

Nas regiões espirituais, em plena vida social, os Espíritos afins, que compartilham ideias de beleza e de harmonia ou que anelam por experiências felizes no orbe terrestre, estreitam os laços das afeições, delineando projetos de união futura, coroada pela bênção de filhos, que são Espíritos com os quais se encontram comprometidos pelo amor ou pelo desequilíbrio e dependem da sua ajuda e da sua convivência.

Em união elevada de pensamentos e de sentimentos, comungam dos valores da compreensão e da responsabilidade, treinando convivência harmônica, estudando limites e deficiências, realizando um verdadeiro esponsal moral que se converterá em nobre união física sob a custódia das leis civis e morais da Terra.

Nesses encontros de ternura inefável, delineiam planos, estabelecem compromissos de fidelidade e de respeito que firmam com unção, preparando-se para os futuros cometimentos no mundo das formas orgânicas, em formosas antevisões de plenitude.

Ao se reencontrarem, quando na neblina carnal, reconhecem-se e amam-se, dispondo-se à execução dos planos que foram formulados.

As emoções facultam-lhes os incomuns tesouros da alegria e da paz, descobrindo que aquele é o ser para o qual se encontra preparado e por quem aguardava com enlevo e expectativa.

Nem sempre, porém, são atraídos antes de haverem vivenciado experiências que se inserem nos seus compromissos, e que deveriam ter administrado com sabedoria, de forma que permanecessem livres para este momento que os preencheria de felicidade, sem culpa, sem conflito...

Quando o Espírito reveste-se de matéria, como é natural, sofre uma alteração de conduta em razão dos impositivos orgânicos.

A aparelhagem física, com os seus condicionamentos multimilenários, impõe-se através dos mecanismos cerebrais, seja mediante o hipocampo, os lobos pré-frontais, a amídala e outros complexos equipamentos, traçando impositivos de afetividade, de memória, de impulsos, de emoções...

Somente através do cultivo da vida interior é que se podem sobrepor os objetivos elevados aos impulsos eminentemente fisiológicos.

Não apenas assim acontece em referência às uniões conjugais, mas, também, em se tratando de atividades outras, que fazem parte dos mecanismos da evolução.

Eis por que a conscientização do ser, desde a infância, em torno da sua realidade como Espírito imortal que é, torna-se fundamental.

Quando os valores espirituais fizerem parte dos compromissos domésticos e as grades escolares incluírem disciplinas biopsicológicas, bioéticas, morais e espirituais sem os prejuízos das informações religiosas punitivas e castradoras, conforme fracassaram no passado, a consciência de responsabilidade vicejará nos educandos, preparando-os para desempenhos seguros e ditosos em torno do matrimônio, da família, dos deveres humanos, sociais e edificantes da Humanidade.

A reencarnação enseja o aprimoramento espiritual, trabalhada antecipadamente, não anulando ou impedindo as opções do livre-arbítrio de cada qual na construção da sua plenitude.

A reunião mediúnica da noite de 29 de janeiro de 2003, no Centro Espírita Caminho da Redenção, em Salvador (BA), prosseguia com atendimento a um Espírito rebelde, que se recusava à reencarnação que lhe fora programada. Enquanto isso, o diretor espiritual escreveu a seguinte página.

20

Programa reencarnatório

Pululando em volta da Terra, existem bilhões de Espíritos que ainda se encontram nas expressões do primarismo e da inferioridade moral, sendo programados de urgência para que mergulhem nas roupas físicas, a fim de apressarem o processo de evolução pessoal.

Aguardando que o planeta possua condições propiciatórias ao seu desenvolvimento intelecto-moral, formam uma compacta multidão de seres ansiosos e inquietos que, de alguma forma intoxicam-lhe a psicosfera, atingindo os seus habitantes ainda não treinados para os grandes desafios de ordem espiritual.

Enquanto os valiosos recursos da Ciência e da tecnologia já proporcionam equipamentos fisiológicos resistentes para possibilitar o desenvolvimento moral dos reencarnantes, travam-se renhidas batalhas de comportamento entre os sentimentos que os caracterizam e o estágio espiritual do orbe terrestre.

À medida que assumem as vestimentas orgânicas, desvelam os valores que lhes são peculiares, não poucas vezes dificultando a marcha ascensional das demais criaturas ou embaraçando-as com as torpezas que lhes são normais.

Portadores que são de ideais ainda primários, sem uma formação ética, que infelizmente ainda não desabrochou do emaranhado dos instintos, nos quais estorcegam, geram perturbações, em razão da agressividade de que se fazem portadores.

O que lhes é natural na conduta, já não corresponde aos padrões estabelecidos na casa terrestre onde se encontram.

Como efeito, embora a compleição física seja bem desenhada, graças à herança genética que foi aprimorada através dos últimos milênios, comprazem-se nos tormentos e paixões de nível ainda primitivo a que se encontram acostumados.

Essa aluvião de recomeçantes violentos na roupagem física, dando prosseguimento às condutas que horrorizam uns e atraem outros, não são frutos do acaso, mas de bem cuidadosa programação superior, a fim de facultar-lhes o ensejo que a todos a Misericórdia Divina concede, em favor de cada qual.

A sociedade espiritual encarregada de apressar o progresso da Terra utiliza-se de delicados e complexos equipamentos para a seleção dos Espíritos que devem reencarnar-se, reunindo-os em grupos volumosos, todos portadores dos mesmos transtornos emocionais e necessidades de transformação moral. Dessa forma, é que, massivamente, nos últimos decênios, vêm superpovoando o planeta, e graças ao nível de desenvolvimento em que se encontram ensejam uma visão pessimista a respeito do bem, como se os valores nobres que dignificam a vida estivessem cedendo lugar à barbárie e à ignorância.

Os observadores do progresso moral da Humanidade, algo chocados, deixam-se enganar ante os pensamentos infelizes de que o mal vem predominando entre as criaturas, enquanto o bem apenas tem vigência em poucos indivíduos ou em alguns grupamentos sociais.

Alegam que as altas estatísticas de crimes selvagens e de aberrações de costumes, competem com a onda avassaladora de insensatez e de servil promiscuidade moral, conspirando contra todos os ideais de beleza, de amor e de evolução.

Afirmam, também, que se multiplicam os disparates, enquanto alucinados líderes carismáticos comandam-nos, apresentando simulacro doentio das artes, destituídas de inspiração superior, que estimulam mais violência, licenças morais, drogadição, alcoolismo, sexo ultrajado, loucura e morte por suicídios e homicídios horrendos, quando não se transformam em batalhas urbanas ou guerras hediondas...

Esta é somente uma face da realidade, porque, por outro lado, as organizações dos direitos humanos e do bem-estar da Humanidade apresentam índices dantes jamais sonhados, demonstrando que o amor permanece em ação e as conquistas da ética, da cultura e da civilização são indestrutíveis.

A paisagem é comovedora, porque, sem dúvida, reencarnam-se também, procedentes de elevadas Esferas, missionários do conhecimento e do amor, do progresso e da fraternidade, que vêm amenizar as dificuldades cruentas, tornando-se exemplos do dever, do bem e da felicidade, assim conseguindo atrair expressivo número desses irmãos atônitos, que despertam para outros significados existenciais. Fascinados pela irradiação de bondade, de ternura e de compaixão que deles emana, acompanham-nos, desenvolvendo a centelha de luz que neles se encontra emboscada.

A supremacia do bem no mundo é incontestável, em face das ocorrências que enobrecem o gênero humano, que já pugna com sacrifício e emoção superior pelos grandiosos valores que constituem a sociedade.

Há muito joio na seara, no entanto, o trigal nutriente é mais exuberante e produtivo.

Para transformar a erva má em alimento, é que a reencarnação faculta a todos as mesmas oportunidades de modificação da estrutura fundamental de que se constituem.

É compreensível, portanto, que se esteja travando no mundo uma batalha inevitável, porque necessária, fomentadora do progresso.

Da mesma forma que a labareda modela os metais, o sofrimento moral trabalha em favor da transformação do Espírito em processo de crescimento para Deus.

Sem que tenham oportunidade de vivenciar o mundo terrestre mediante a reencarnação, imantados psíquica e magneticamente ao orbe, como se encontram, atrasariam o próprio e o desenvolvimento geral, em razão das altas cargas mentais e fluídicas sobre os seus habitantes desprevenidos e desequipados de recursos defensivos.

Em tudo vige a providencial presença de Deus, que trabalha em favor da felicidade e do progresso em todas as dimensões do Universo.

Esses irmãos da retaguarda evolutiva, que esperam nossa contribuição espiritual e moral, através dos exemplos, dos ensinamentos e da compaixão que a caridade irradia na sua direção, à medida que vivenciam a forma orgânica, diminui-lhes a densidade das energias deploráveis que os envenenam.

Desse modo, adquirem novos hábitos, recondicionam-se para futuras experiências no próprio globo terrestre, ou em outro domicílio do nosso ou de outro Sistema Solar...

A Casa do Pai tem muitas moradas! – exclamou Jesus.

O amor, por consequência, esplende em todos os recantos e faz luz no imo de todos os seres, porque é de origem divina.

É, portanto, o amor que vem reunindo no domicílio carnal os viajantes da agonia, ainda detidos na inferioridade, a fim de que o identifiquem em si mesmos, estabelecendo vínculos vigorosos de união e de conscientização da sua realidade indestrutível.

Desse modo, a cada instante, partem do Mundo espiritual na direção do processo evolutivo, milhares de Espíritos em trânsito dos primórdios do instinto para a inteligência, desta para a razão, e alcançando a intuição estuam de plenitude e de amor no concerto universal sob a paternal proteção de Deus.

A reunião mediúnica apresentava-se com atendimento a sofredores de diferentes matizes, no Centro Espírita Caminho da Redenção, em Salvador (BA), na noite de 10 de março de 2003. Manifestou-se um Espírito em profunda amargura, lamentando haver tido dois tipos de existências no corpo: o exterior – homem de bem – e o interior – pessoa viciada, dissimuladora, hipócrita... Com habilidade, conseguira viver 60 anos sem que alguém lhe descobrisse o comportamento estressante. Desencarnou e, surpreendentemente, não foi recebido por anjos ou demônios. Nem mesmo por obsessores que lhe cobrassem outra conduta. O seu padecimento são o remorso, as amargas recordações da dubiedade moral. Ao mesmo tempo, o mentor espiritual escreveu a mensagem seguinte.

21

Despertamento espiritual

O disfarce moral é sempre a maneira mais fácil de que dispõem as criaturas insensatas para o banquete de fantasias e de ilusões a que se entregam durante a romagem terrena. Acreditam que podem ludibriar as Leis Soberanas, vivendo conforme os seus padrões íntimos e enganando, pelo exterior, os objetivos essenciais da vida, que são o crescimento intelectual e moral, a fim de ascender aos páramos da Grande Luz.

A viagem terrestre é uma excelente oportunidade de aquisição e de treinamento de recursos morais, mediante os quais se torna possível o despertamento para a realidade eterna de que se é constituído.

Viaja-se na indumentária orgânica e sem ela, objetivando sempre a sublimação dos sentimentos ainda encharcados dos instintos primários e com os impulsos utilitaristas que propelem à preservação do *ego* sobranceiro, acima das necessidades reais do Espírito.

Ao descobrir-se a importância da reencarnação, raramente se lhe dá o valor de que se reveste, optando-se pela conduta mesclada de artifícios e de quejandos que compõem a aparência, mais insculpindo conflitos tormentosos no âmago.

Muitos desses Espíritos já se encontram sob tais reflexos que procedem do ontem, experienciando tormentos e dificuldades que poderiam inexistir, caso houvesse sido outra a forma de comportar-se, a seriedade com que encarassem os compromissos de que se deveriam liberar com altivez.

A consciência, sem qualquer dúvida, representa a *Lei de Deus* ínsita no ser, o Psiquismo Divino na criatura, norteando-lhe o passo, auxiliando-a no discernimento próprio para melhor cumprir com os deveres que lhe dizem respeito.

Insensatamente, alguns indivíduos pensam que, enganando-se, conseguem ludibriar os Códigos Elevados da Vida, assumindo atitudes externas que não são correspondidas por aquelas de natureza íntima.

Quando convidados por qualquer crença religiosa à reflexão, passando a tomar conhecimento que *tal vida, tal morte* aceitam os seus ensinamentos como se fossem mecanismos escapistas para a existência social, na qual se podem beneficiar pela aparência, e por mais que relutem em aceitá-los integralmente, a legitimidade desses postulados insculpe-se-lhes no cerne, deles não podendo olvidar-se.

Passada a atividade física, sempre de efêmera duração, quando se veem liberados da injunção corpórea, a consciência desperta-lhes e experimentam os conflitos, agora muito mais graves do que antes, convidando à revisão mental de conduta, à colheita dos frutos do comportamento.

Aqueles que acreditaram na sobrevivência, criaram imagens específicas da fé abraçada e aguardam que se materializem seres bondosos ou perversos, de acordo com a forma pela qual transcorreu a existência. Não os encontrando, desequilibram-se e, arrogantes, negam a realidade espiritual,

Reencontro com a vida

porque, mesmo estando nela, não encontram os anjos ou os demônios nos quais fingiram acreditar.

Outros despertam assistidos por cômpares morais com os quais conviveram psiquicamente, que os conduziram e agora pretendem continuar com o comércio psíquico em que se comprazíam, tendo prosseguimento as terríveis obsessões de liberação muito complexa.

Muitos outros permanecem adormecidos em face do letargo a que entregaram a mente e o sentimento, aguardando as trombetas da fantasia religiosa, a fim de prestarem contas, embora no torpor em que se encontram a mente permaneça ativa, recordando, anelando, sem poder desembaraçar-se dos tóxicos absorvidos pelo período orgânico.

Diversos igualmente se deparam com as construções mentais que se permitiram, dominados pelos fantasmas que construíram no silêncio interno, plasmando punições e justificativas às quais se firmaram, fugindo da realidade de si mesmos.

Desperta-se, porém, na realidade além do túmulo, na dimensão psíquica na qual se esteve durante o trânsito carnal. A mente, que se fixou em determinados padrões de vivência, sintoniza, desde então, com essa faixa vibratória para onde se é arrastado, logo se rompem os vínculos carnais, aí se deparando com tudo quanto projetou. As ideias que foram exteriorizadas e mantidas tomam formas de acordo com os seus conteúdos e assaltam os seus autores, gerando pânico e dor. Outras vezes, encapsulando-se nos circuitos do pensamento viciado, embora a consciência os reproche, acordam com os profundos sulcos do arrependimento e da queixa na memória, excruciando-se com inúteis autopunições que mais agravam os desajustes emocionais.

Nesses casos, somente a reencarnação pode ser-lhes útil, favorecendo-os com o esquecimento desses erros e a renovação do pensamento capaz de gerar novos hábitos saudáveis em que se arrimarão no futuro.

Cada Espírito sempre ressuma o que constrói no imo, seus pensamentos, seus anelos, seus cuidados.

Ninguém, por isso mesmo, foge dos seus esforços. O Céu e o Inferno encontram-se presentes na consciência e, de acordo com as suas construções internas, alargam-se em regiões específicas, nas quais se homiziam esses responsáveis, gerando campos de comunhão coletiva onde estorcegam ou repousam das fadigas terrenas.

A desencarnação sempre oferece de volta aquilo que a reencarnação arremessou na sua direção, gerando efeitos correspondentes.

Mesmo esses Espíritos que se encarceram nas lembranças infelizes, perdendo o contato com a realidade em que se encontram, passado um tempo de recuperação, saem da neblina dos remorsos, e se não mergulham em novo renascimento, deparam-se com os comensais espirituais da sua irresponsabilidade, passando a sofrê-los. Esses perversos comparsas não se contentam em ver a agonia das suas vítimas, mas alegram-se em fazê-las padecer mais. Infelizes, porque perderam o rumo e encontram semelhantes que os acolhem nos departamentos mentais, exultam com o seu decesso carnal, a fim de darem prosseguimento na fúria que lhes apraz.

O Mundo espiritual, na sua real constituição vibratória, é todo organizado por energias mentais de vária procedência, desde a Divina às mais grosseiras, originadas no primarismo humano, havendo, portanto, regiões ascendentes e descendentes compatíveis com os níveis morais dos habitantes da Terra.

Exceção feita àquelas felizes, construídas pelo Excelso Amor através dos Seus arquitetos venerandos, que somente serão alcançadas após a liberação das imperfeições que prendem o Espírito nas baixas províncias de sombra e de dor que envolvem a Terra.

Indispensável, portanto, que o ser humano compreenda que tudo acontece conforme a sucessão de causas geradas, dando campo aos efeitos correspondentes, sem milagres nem exceções, sem predestinações nem privilégios, em face de todos sermos Espíritos gerados pelo mesmo Criador, fadados à harmonia que lograremos a esforço pessoal, sem disfarce nem fingimento.

A reunião de desobsessão encontrava-se em fase final, no Centro Espírita Caminho da Redenção, em Salvador (BA), na noite de 13 de março de 2003, quando se comunicou um Espírito atormentado pelas lembranças de que não conseguia liberar-se. O benfeitor escreveu a seguinte mensagem.

22

Despertar da consciência no Além-túmulo

O desacelerar da maquinaria orgânica normalmente culminando com a morte fisiológica, de forma alguma representa a desencarnação propriamente dita.

O processo de liberação dos fluidos que fixam o Espírito aos despojos materiais é muito lento, especialmente quando a existência não transcorreu dentro dos padrões de comportamento ético, caracterizando-se pelos apegos às paixões e pela vivência dos sentidos sensoriais em detrimento das emoções transcendentes.

Por consequência, os fortes vínculos perispirituais prosseguem na condição de condutores das sensações produzidas pela decomposição cadavérica, e mesmo após a desestruturação molecular, reproduzindo as peculiaridades que ficaram impressas pelo largo condicionamento a que o Espírito esteve submetido.

Nesse período, ocorrem os estados alucinatórios, nos quais o ser, perdendo o contato com a realidade a que estava acostumado, não consegue penetrar nos campos vibratórios da nova dimensão em que se encontra.

Noutras vezes, como mecanismo de fuga inconsciente, entra em hibernação, a fim de postergar os sofrimentos que engendrou para si mesmo, enquanto se utilizando da vestimenta carnal, que desgastou na futilidade ou no crime, na insensatez ou no desperdício de forças, e ainda nas várias formas de suicídio, desde os indiretos até mesmo àqueles frutos da desesperação e da rebeldia.

Eis por que o período de perturbação espiritual é muito variado, diferindo de cada Espírito, em face das conquistas amealhadas ou dos distúrbios produzidos nas estruturas psíquicas que não foram respeitadas.

À semelhança de um paciente despreparado, que desperta de uma cirurgia de largo porte, aturdido e sem conhecimento da ocorrência, as impressões vão-se manifestando, à medida que a sensibilidade retorna ao organismo, passado o efeito da anestesia. Em muitos casos, torna-se necessária nova dose de anestésico, para evitar que o indivíduo tombe em desespero por falta total de controle em torno dos procedimentos cirúrgicos de que foi objeto.

Aqueles, porém, que sempre mantiveram uma existência calma e aceitaram a presença da enfermidade, bem como da terapêutica severa, mesmo diante da gravidade de que se reveste o processo cirúrgico, têm um despertar muito diferente, caracterizado pela calma, pelo conhecimento que o toma e pela maneira como enfrenta a situação, confiando nos resultados sob a orientação médica, sem a aflição que seria esperada.

Nesse cometimento, o da adaptação ao Mundo espiritual, o despertar da consciência é dos mais severos mecanismos de liberação da experiência carnal.

Vivendo o ser humano anestesiado na ilusão e fascinado pela possibilidade da extinção da vida após a morte, ao dar-se conta do seu prosseguimento noutra dimensão, agudiza-se-lhe o discernimento entre o que deveria ter realizado e aquilo a que se dedicou, sendo tomado, não poucas vezes, pelo remorso que o constringe e desorienta.

Repassando mentalmente as ações nefastas, nas quais se atirou sem freio, percebe-lhes os resultados danosos insculpidos no imo e que ressurgem como acicates que o ferem sem piedade, porque sem justificativa para comportamentos dessa natureza. Tudo quanto estava encoberto pela ilusão apresenta-se-lhe agora sem qualquer névoa que obscureça a sua realidade, chamando a reflexões penosas, em face da impossibilidade de reparar os danos que geraram e prosseguem prejudicando os demais.

Entrementes, o discernimento que se desvela apresenta condutas que poderiam haver sido vivenciadas e que, não obstante, foram deixadas à margem, na louca tentativa de a tudo e a todos impor a vontade egoísta e os caprichos insanos.

Esse remorso, que decorre da consciência lúcida, muitas vezes conduz à loucura do Espírito, que se debate nas conjunturas dolorosas do arrependimento e da angústia, resvalando para estados de perturbação profunda, quando sintoniza com outros tresvariados, constituindo as legiões de desditosos que deambulam em bandos pela Erraticidade inferior.

Ninguém burla as leis do equilíbrio sem sofrer-lhes as consequências nefastas.

Quando não ocorre esse fenômeno descrito, o açodar da lucidez hebeta aquele que se embrenhou pelo matagal da perversidade e do crime, lesando-lhe os centros perispirituais por longo período até que a bênção da reencarnação traga-o de retorno ao domicílio terrestre, onde expungirá os delitos em situação lamentável, refazendo os painéis da mente sob os camartelos das aflições contínuas.

A consciência é departamento do Espírito, na qual estão escritos os deveres do ser humano em relação a si mesmo, ao seu próximo e a Deus. Silenciosamente vão sendo arquivados os pensamentos, as palavras e as ações que dão vida a formas fluídicas elaboradas pelas ideias e vivificadas pela intensidade de energia de que se constituem, emitidas pelas fixações adotadas.

Tanto ocorre na esfera das paixões asselvajadas como nas abençoadas expressões de sublimação, dando lugar a *construções* sublimes, que irão constituir campo vibratório para onde se rumará após a desencarnação.

Conforme se pense, advirá a edificação do Céu ou do Inferno pertinente à qualidade de onda emitida.

Uma existência física constitui, por isso mesmo, dádiva do Incomparável Amor, ensejando oportunidades incessantes de crescimento e de iluminação para todo aquele que empreende a tarefa de desenvolvimento interior na busca de Deus.

Com a morte interrompem-se os projetos, cessam as programações do que se desejava realizar, em face do retorno ao Grande Lar, quando se deve ser avaliado pela consciência desperta e pelos mentores que se encarregaram de patrocinar a viagem educativa ao planeta terrestre.

Certamente que eles não se apresentam na condição de julgadores dos atos que foram praticados, porquanto, amorosos, compreendem as dificuldades do processo de libertação dos instintos e dos sentimentos inferiores, no entanto, educadores por excelência que são, não se permitem realizar o dever que cumpre aos seus tutelados. Pacientes e generosos, confiam nas bênçãos do tempo, cientes de que chegará o momento da conscientização real dos deveres perante a vida para todos.

Não havendo privilégios para alguns e severidade para os demais, as Soberanas Leis estabelecem os mesmos deveres no longo processo da evolução por que passamos os Espíritos.

Originados do Mundo espiritual, para ele retornam, conduzindo as conquistas e prejuízos que lograram amealhar, de forma que sempre conquistem valores inalienáveis para a própria sublimação.

A necessidade de manter-se a consciência ilibada de compromissos perversos e anestesiantes torna-se um dever para todos, desde o período em que se encontram no envoltório físico, gerando um automatismo feliz para o seu despertar após o decesso tumular.

Nesse caso, mesmo algumas questões que surjam e não estejam ainda solucionadas, em vez de gerarem desconforto moral e aflição, facultam uma programação para o futuro, na qual serão retificados os equívocos, delineados novos cometimentos felizes, reabilitando-se em definitivo.

Vivendo-se aberto ao dever, ao amor, à verdade, nada consegue perturbar os valores éticos, antes facultando o despertar feliz, sem conflito nem agonia.

Na reunião mediúnica de desobsessão da noite de 22 de dezembro de 2004, no Centro Espírita Caminho da Redenção, em Salvador (BA), uma Entidade perversa comunicou-se em deplorável estado de perturbação, asseverando a necessidade que sentia de vingar-se de um seu antigo desafeto. O benfeitor espiritual escreveu, então, a página que segue.

23

Sintonia espiritual

Na gloriosa majestade do Cosmo vigem as Leis de Afinidade por equivalência de onda vibratória, produzindo a sintonia entre as mentes, os sentimentos e os seres.

Conforme as faixas em que se distendem as mensagens emitidas por alguma fonte, logo se dá o processo de afinidade em ressonância, robustecendo as forças no encontro com outra semelhante.

Trata-se da sintonia mediante a qual os semelhantes se mesclam, enquanto os diferentes teores vibratórios chocam-se e repelem-se.

Toda vibração desencadeada repercute no Infinito até encontrar outra idêntica, na qual se incorpora.

Eis por que uma emanação de prece alcança o Incomparável Amor, da mesma forma que uma faísca de ira transforma-se em incêndio devorador, por encontrar equivalente que lhe aumenta a capacidade destrutiva.

Quando se esmaga delicada flor, agride-se a harmonia cósmica, e quando se ensementa um grão que germinará, abençoa-se o Universo.

No que diz respeito aos habitantes da Terra, existe uma interdependência espiritual e moral entre todos os seres com os quais convivem, em decorrência do processo evolutivo, de acordo com as faixas vibratórias do pensamento e da emoção em que se detêm.

Vegetais e animais desenvolvem-se com vigor e saúde quando situados em ambientes de harmonia, quais a Natureza, em si mesma, ou nos ninhos domésticos onde o amor vige, ocorrendo o contrário, quando as emanações da mente e da emoção possuem teor deletério e perverso.

Nas contingências primárias do processo de crescimento espiritual do ser humano, enquanto predominam as paixões asselvajadas, filhas dos instintos primitivos, o intercâmbio psíquico entre os Espíritos e as criaturas faz-se tão vigoroso, que dificilmente se poderiam separar as ações e os seus reflexos como decorrência de uns ou de outros.

O mesmo fenômeno dá-se entre as pessoas que se unem em comunidades idênticas em sentimentos e aspirações, quando se transferindo para a Erraticidade, ao manterem as mesmas características, proporcionam o surgimento de Esferas espirituais da mesma constituição estrutural.

Nestas últimas, congregam-se aqueles que são semelhantes, passando a influenciar, positiva ou negativamente, os grupos humanos que permanecem na indumentária fisiológica da densidade física.

Em razão da prevalência de lucidez e parcial liberdade de que desfrutam os desencarnados, imantam-se com mais facilidade aos complexos receptores humanos, em cujos campos magnéticos detêm as expressões de energia exteriorizadas pela mente e pelas emoções, estabelecendo-se automático intercâmbio, mesmo que inconsciente para ambos, ou especialmente para o transeunte carnal...

Emitindo *mensagens* próprias, em ondas específicas, relativas à densidade de energia externada pelo pensamento humano, os Espíritos primários, padecentes de carências diversas, são atraídos aos fulcros de irradiação e neles se instalam, passando a vivenciar as sensações e as emoções dos seus *hospedeiros*, desse modo, gerando demorados processos de vampirização.

Usurpando as forças daqueles aos quais se conectam pelo pensamento, pela emoção, pelos desejos, nutrem-se das suas *cargas de energia animal,* revigorando-se e acreditando-se em prosseguimento da existência física, logo passando a comandar-lhes o comportamento e as experiências.

Materializando-se através do mecanismo da *ideoplastia* grosseira, participam do tempo e do espaço terrestre em que se encontram, volvendo ao estágio ilusório de viandante carnal, tornando-se comensal da existência do obsesso.

Fazem recordar moluscos que carregam a concha na qual se resguardam. Tornam-se a *carapaça* da vítima, por esta última sustentada e conduzida, sob a injunção dolorosa do *peso* de que se constitui, seguem-na por toda parte, integrando-se ao seu contexto existencial.

É tão expressiva e frequente a ocorrência, porque o estágio moral inferior predomina entre as criaturas que enxameiam em todo lugar, que dão surgimento a infestações desagregadoras e de curso demorado.

Por outro lado, à medida que as experiências dignificadoras alçam o ser a mais elevados níveis de moralidade e de aspirações, a sintonia faz-se com Entidades felizes, que erguem o psiquismo a campos mais dignificados do pensamento, permitindo-lhe o trânsito refazedor e ditoso pelas regiões enobrecidas.

Energias balsâmicas e vigorosas sustentam-lhe as estruturas do perispírito, tornando-o mais sutil, de forma que possa imprimir no corpo somático o bem-estar e o equilíbrio, como decorrência das energias captadas nesses núcleos benfazejos.

Por consequência, o Espírito libera-se parcialmente da matéria, ampliando a facilidade do desdobramento da consciência e experiencia admiráveis conquistas e aprendizagens nessas Esferas superiores sob o direcionamento dos seus guias espirituais.

Mesmo que as circunstâncias reencarnatórias apresentem-se graves ou dolorosas, o pensamento em clima de bênçãos sintoniza com as Fontes Geradoras do Bem, canalizando recursos preciosos para a sua vilegiatura humana.

O otimismo, a satisfação de viver, o sentimento de gratidão a Deus formam um quadro de harmonia interior que passa a externar irradiações geradoras de simpatia, ao mesmo tempo produzindo sintonias relevantes, que capacitam para suportar as provações com redobrada coragem e não menor emoção de paz.

A sintonia mental e moral dá-se nos mais variados níveis de vibrações: ascendente e descendente.

Por efeito das cargas orgânicas e dos instintos predominantes na conduta, os desejos infrenes e perturbadores emitem ondas poderosas que se expandem nos campos constituídos pelo mesmo teor de energia em que se debatem os infelizes desencarnados, logo os alcançando e atraindo-os para o convívio emocional.

As emissões de ondas excêntricas, caracterizadas pela sensualidade, pelo egoísmo, pela cólera, pelo ciúme, enfim, pelas fraquezas morais do ser humano, são portadoras de vibrações densas de baixa frequência, que irão fundir-se em campos constituídos da mesma qualidade vibratória.

No que diz respeito aos comportamentos arbitrários e delituosos, ocorre, não poucas vezes, que o paciente desperte para a necessidade de elevação e busque deslindar-se dos atrativos grosseiros a que se imana no psiquismo dos Espíritos que o exploram. Estes, sentindo-se despojados do seu clima alimentador, agora em outra vibração, promovem situações perturbadoras, elaboram planos audaciosos para comprometer a vítima, a fim de continuarem no predomínio sobre os ideais novos em fase de fixação, conservando-a em submissão.

Ciladas bem urdidas são programadas, enquanto acicatam os desejos e intentam assenhorear-se-lhe novamente do pensamento, a fim de trazê-la de volta ao estágio anterior.

...E quando não o conseguem de imediato, cegam-se pelo ódio e planejam a sua eliminação, tornando-se-lhe adversário inclemente.

Acostumados ao alimento mental que os sustentava, desarvoram-se e sofrem-lhe a ausência de nutrição.

Não lhe podendo desfrutar mais dos fluidos grosseiros, pensam em interromper-lhe a existência corporal, como se estivessem acima do *bem* e do *mal*, permitindo-se realizar todas as alucinações que lhes aprazem.

Olvidam-se de Deus, que subestimam, e redobram as investidas objetivando cansar, desanimar, desviar da senda, vencer...

É nesse momento que o recurso da prece constitui-se terapia valiosa, indispensável, de modo a desviar o pensamento das baixas vibrações e alçá-lo em direção oposta, alcançando os núcleos de renovação e de progresso.

Existem, sem dúvida, igualmente, os campos vibratórios de paz e de refazimento ao alcance de todos que os queiram atingir, bem como missionários do amor e da caridade estão sempre a serviço do Supremo Bem, aguardando solicitação.

Basta que o enfermo espiritual permita-se uma brecha de reflexão e de real desejo de elevar-se, e dispara um sinal que o liga aos receptores de alguma dessas estações de vigilância, logo recebendo a resposta, em forma de socorro, ânimo e libertação.

Encerrando-se, porém, em cápsulas construídas pelas paixões inferiores, como ocorre com o bicho-da-seda que produz o casulo em que se encarcera e morre, torna-se-lhe difícil a sintonia com Deus, o encontro emocional com o Criador.

Vitalizando o pensamento com a vontade de ser livre, porém, rompe-se-lhe o invólucro que o libertará, qual ocorre com a borboleta que foge, flutuando na direção do ar leve, liberada do cárcere em que esteve hibernada em demorada transformação.

Nessa ascensão mental e moral decorrente do esforço espiritual aplicado, aqueles Espíritos com os quais antes o indivíduo sintonizava, a pouco e pouco, vão-se beneficiando, em razão das emissões de ondas superiores enviadas em sua direção, que lhes chegam vitalizadas por energias saudáveis e benéficas que passam a aspirar...

Tendo havido uma interdependência psíquica e emocional, permanecem os vínculos morais da ocorrência infeliz, agora se transformando em oportunidade de recuperação da saúde espiritual, de ascensão e de necessidade do encontro com a Consciência Divina, aliás, ínsita em todos, que deve ser penetrada através da reflexão e da mudança de comportamento pessoal.

A sintonia com os mensageiros da Verdade propicia a libertação dos estigmas ancestrais, diluindo as sequelas do mal anterior vivenciado, trabalhando as emoções, que se enriquecem de aspirações nobres e expressões de harmonia, que constituem estímulos novos ao avanço incessante no rumo da plenitude que poderá ser alcançada.

É natural que todos hajam passado por essa vereda de sofrimentos, de lutas, de sombras, a *noite escura* a que se referia São João da Cruz, nas suas profundas reflexões ante a claridade diamantina do Inefável Amor.

Cumpre a todos, Espíritos e criaturas humanas, o dever de sublimar a sintonia psíquica, alçando-se às zonas nobres da Espiritualidade, a fim de desfrutarem de paz e real alegria de viver desde agora.

A presença dos sofredores, na reunião socorrista da noite de 2 de janeiro de 2005, no Centro Espírita Caminho da Redenção, em Salvador (BA), era expressiva. Suas dores e aflições faziam-se constrangedoras, convidando-nos à reflexão. Apresentou-se um suicida em terrível estado de revolta. Enquanto era atendido, o benfeitor espiritual escreveu a página que segue.

24

Perversidade e Suicídio

Em expressivo número de transtornos da personalidade, o Espírito incurso nos códigos de resgate compulsório, opta pela perversidade, quando não logra atender as paixões que o comburem, culminando na fuga terrível do corpo através da armadilha do suicídio.

Colhido pela vida que supunha poder destruir com o gesto de revolta, é arremessado na direção de outros infelizes do mesmo gênero de rebelião, sintonizando com eles, pelas vibrações densas que o caracterizam, assim formando verdadeiras legiões de apaniguados do mal.

Constatando o engodo que se permitiu, ludibriando-se a si mesmo, estorcega em aflições inomináveis, demorando-se no horror da decomposição cadavérica, cujos processos experimenta em face da imantação perispiritual de que se vê objeto, descobrindo, em grande número de vezes, a interferência de outras mentes que o induziram ao aberrante fenômeno autocida.

A revolta atinge-lhe índice insuportável de desespero, e a loucura, normalmente, dele apodera-se, levando-o a corridas desvairadas e quase sem termo, logo sucedidas pela perseguição de outros semelhantes e igualmente perversos, que se comprazem na sua dor, que também já a experimentaram, por sua vez, exaurindo-lhe as últimas resistências até ficar totalmente vencido...

Lentamente, porém, no auge da angústia recobra a razão e passa a guardar ressentimento inconfessável das criaturas que suportam as provações e mantêm a coragem quando o fardo se lhes apresenta demasiado pesado, confiando na proteção de Deus.

Torna-se espontaneamente seu inimigo e passa a assediá-los, como se fossem os responsáveis pela desídia a que se entregou por espontânea vontade e capricho derivado do orgulho mórbido.

Constituem, esses Espíritos, grupos de perversos, desarvorados e impiedosos, acusando as Divinas Leis que não souberam ou não quiseram respeitar, entregando-se aos mais sórdidos desvarios, e voltando-se contra a sociedade terrestre da qual desertaram covardemente.

Passam a inspirar as mentes e emoções mais débeis para que optem também pela fuga espetacular, geram conflitos psicológicos, empesteiam a psicosfera daqueles aos quais antagonizam, de forma a produzirem desespero e desânimo, que mais confundem e perturbam as vítimas.

Associam-se-lhes mentalmente em conúbio devastador, e porque ainda encharcados de energias físicas – graças ao perispírito denso – transmitem as sensações penosas que os dominam, intoxicando-lhes o cérebro e envenenando-lhes o aparelho respiratório.

Surgem, então, processos enfermiços no corpo somático das suas vítimas, que se confundem com as moléstias catalogadas pela Medicina, entretanto, para as quais as terapêuticas vigentes não conseguem uma solução.

Transformam-se, esses procedimentos, em sutis obsessões, que se agravam à medida que o paciente encarnado as agasalha, com reflexos muito sérios na sua economia física, moral e espiritual.

Seria de acreditar-se que tais suicidas, dando-se conta da realidade da sobrevivência, arrepender-se-iam do gesto ignóbil, buscando a recuperação mediante o recolhimento, a reflexão, as orações e as ações dignificadoras.

Na maioria das vezes assim sucede. No entanto, nos caracteres perversos, que se vingaram de si mesmos, tentando aniquilar-se, apagar a consciência no grande sono do *nada*, a ocorrência dá-se de maneira diversa. A revolta atinge-lhes níveis insuportáveis e a covardia moral de que são portadores, em vez de induzi-los à mudança de comportamento mental, torna-os verdugos uns dos outros, e que também se voltam contra a sociedade humana.

Porque são infelizes, comprazem-se em espraiar o desespero e alcançar o maior número possível de semelhantes na desdita em que se encontram. Neles não luzem a compaixão, nem a misericórdia, alucinados conforme se apresentam, sem qualquer raciocínio lúcido ou ideia equilibrada...

Ei-los, portanto, individualmente ou em grupos, atacando aqueles que se lhes associam pela conduta, que partilham emocionalmente dos seus sentimentos perversos e autodestrutivos, ou voltam-se contra aqueloutros que se transformaram em socorro, em oportunidade libertadora para as demais criaturas.

É como se fossem nautas que, após o desastre sofrido, voltassem-se contra os faróis que lhes apontavam os escolhos, os recifes e os perigos, mas que não foram considerados... Nada mais tendo a perder, comprazem-se em impedir o salvamento daqueles que virão depois, em um fenômeno irracional de ira contra todos e tudo...

Havendo perdido o contato com a razão e a lógica, somente se dão conta do que lhes sucede, em face da responsabilidade pessoal, buscando desforrar-se nas pessoas felizes ou quase, que invejam e tomam como merecedoras de punição.

Nas suas consciências atormentadas Deus não tem lugar, porquanto o conceito que d'Ele conservam é o de um autocrata insensível ao sofrimento existente no mundo, ou de um vingador que se alegra em ferir e malsinar aqueles que criara. Isto quando conduzem ideias a Seu respeito. Quando, porém, foram vítimas do materialismo que predomina na sociedade, mesmo entre os aparentemente filiados às várias denominações religiosas, mas que não cumprem as suas determinações, pensam que a continuidade da vida diluir--se-á com o tempo, sendo que lhes ocorre um fenômeno de reminiscências físicas a caminho do desaparecimento total...

Não são menos cruéis que os obsessores que se dedicam ao conúbio da vingança em razão de acontecimentos pessoais desditosos no pretérito.

A inveja, o ciúme, o ressentimento apossam-se-lhes das emoções transtornadas e somente pensam em tornar a vida um inferno para os que estão no corpo ou fora dele.

A sanha da maldade neles atinge tal patamar de insensatez que trabalham em favor da ocorrência de acidentes, provocando desastres cruéis, de modo que igualmente se possam beneficiar das energias físicas, que procuram absorver dos cadáveres após os infaustos acontecimentos de que participam.

Seria também de se pensar que disporiam de um poder ilimitado, em face das infelizes atividades a que se entregam, às vezes, com o êxito que lhes é particular. No entanto, transformam-se nos *braços da Divina Justiça*, alcançando os trânsfugas dos deveres não cumpridos, os renitentes no mal, aqueles que necessitam de retorno apressado...

É certo que a Divindade não precisa da contribuição espiritual de ninguém para que se cumpram os Seus Desígnios.

Desde quando, porém, esses infelizes preferem a condição de verdugos, tornam-se instrumentos utilizáveis, mesmo sem que se deem conta, sobrecarregando-se de futuras aflições pelo atos vis, enquanto a depuração do planeta e dos devedores para com a vida tem o seu curso normal.

São, sem dúvida, Espíritos infinitamente desditosos. Perderam a própria paz, confundiram-se no báratro das realizações, enlouqueceram por falta de valores morais, caíram nas armadilhas da ignorância que cultivaram em torno das Leis de Deus, e permanecem adormecidos pelo tóxico do mal que produzem.

Dignos de igual compaixão, devem ser considerados os *irmãos da agonia*, que o Inefável Amor reconduzirá à Terra em situação muito dolorosa, no cárcere de expiações inconcebíveis, por eles mesmos, embora inconscientemente, elaboradas.

Deformações físicas genéticas e aberrações mentais tomarão conta da sua organização física, a fim de que possam expiar os crimes perversos, inspirando animosidade pelo seu aspecto e horror pelas suas expressões, desse modo, experimentando solidão e desamparo, de maneira que aprenderão a respeitar a vida e os seus mecanismos enobrecedores, reparando os males infligidos aos demais e recuperando-se interiormente dos dislates que se permitiram.

No entanto, dignos de comiseração, encontrar-se-ão pelas veredas do mundo, sob opróbrios, doestos e perseguições de outros ainda emocionalmente primários, que os espoliarão de qualquer alegria ou bem-estar, comburindo nas labaredas dos sofrimentos as paixões inferiores e as emoções ensandecidas.

Recuperar-se-ão, sim, porque o Amor a tudo preside, e mesmo quando se expressa através de recursos aflitivos, não deixa de ser constituído de misericórdia e compaixão, sustentando o calceta, para que tenha forças e resistências para sorver até a última gota o fel da amargura ou o ácido que verteu sobre o seu próximo.

Encontrando-os fora do corpo na condição de obsessores inclementes, ou no corpo como *excluídos* da sociedade, *rebotalhos humanos*, considera a dádiva do equilíbrio em que transitas, agradecendo a Deus a oportunidade renovadora de que dispões. Mas não te permitas fugir-lhes à presença, apontá-los com desdém, tê-los em condição inferior, pois que são irmãos nossos no presídio expiatório a que fazem jus, assim retornando ao caminho da evolução, conforme o estágio em que se demoram.

O número de suicidas que desperta além da cortina de sombras da carne, no benfeitor espiritual, é expressivo, muito maior do que pode a imaginação humana conceber. Isto, porque todos os engodos de que se utiliza a criatura para ludibriar as Leis Soberanas, enquanto no corpo, desaparecem no Grande Lar, quando cada um desperta com os títulos morais em que se firmou e os valores acumulados interiormente.

São eles as únicas propriedades reais que pertencem ao Espírito, porquanto de significado perene, enquanto todos os outros haveres passaram pelas suas mãos e agora repousam em outros cofres, sob outras dependências, porque pertencem à Terra...

Entre esses, que também são suicidas, estão os viciados de qualquer matiz, os temperamentais que consumiram as energias na sistemática neurastenia, no ódio, nos ressentimentos, nos ciúmes exacerbados, nas paixões asselvajadas em que se desestruturaram.

Todos aqueles que somente da vida se utilizaram sem qualquer aproveitamento superior, vivendo do corpo e para ele, que se decompôs, despertam como suicidas indiretos na Erraticidade, sendo acometidos pelo horror da constatação dos desvios que se permitiram e que lhes custaram a existência, que deveriam ter sido aplicados de maneira diferente no grande educandário terrestre.

Aturdidos e desorientados, tornam-se vítimas daqueloutros perversos, que já os utilizavam no plano físico e agora dão prosseguimento à sanha perseguidora.

Igualmente volverão ao planeta abençoado para recuperar-se do crime cometido contra si mesmos e a vida, nas indumentárias limitadas da imposição vexatória e educativa, menos afligidos, sem dúvida, do que aqueles que têm sido perversos e sistematicamente perseguidores do seu próximo.

Depurar-se-ão, aprendendo a respeitar o dom sublime da vida, que é constituída pela essência do Amor de Nosso Pai.

Enquanto estava sendo esclarecido um Espírito muito sofredor, durante a reunião de desobsessão, na noite de 5 de janeiro de 2005, no Centro Espírita Caminho da Redenção, em Salvador (BA), que fora surrado e pisoteado até a desencarnação, e solicitava que ninguém o ajudasse ou salvasse, o dirigente espiritual escreveu a página que transcrevemos.

25

Consciência de culpa

Os atos praticados durante a existência física insculpem-se de tal forma nos painéis mentais do Espírito, que permanecem vigorosos mesmo depois do fenômeno orgânico da desencarnação.

Naturalmente aqueles que mais geraram aflição predominam com mais rigor, impondo comportamentos perturbadores que, não raro, transferem-se de uma para outra existência, responsabilizando-se por distúrbios de diferentes matizes.

Antes, porém, de serem repassados às futuras existências carnais, continuam vivos em imagens dolorosas na memória dos desencarnados, que não se deram conta do traspasse, mantendo-se em deplorável situação de aparente permanência no corpo.

Repetem-se-lhes as imagens infelizes, num caleidoscópio sombrio, mantendo a confusão mental em decorrência da gravidade de que se revestiram.

Permanecem, nesse estado, por demorado período, aqueles que se comprometeram, até quando a Misericórdia Divina os desperta para novas condições de consciência.

Se foram vítimas, não havendo sido responsáveis pela ocorrência lamentável, de menor duração é a perda do discernimento, porque mesmo nesse caso os impositivos da Justiça Soberana manifestam-se, convocando o antigo infrator ao ajustamento, ao equilíbrio de que se afastara pela prática de hostilidades e crimes vergonhosos.

Quando, no entanto, são responsáveis, em face da conduta irregular que atrai outros companheiros moralmente semelhantes, o que resulta dessa convivência infeliz é mais grave, pela opção elegida, geradora da incúria em que se movimentavam.

De qualquer forma, porém, a *consciência de culpa* ressuma nos refolhos da memória, embora não identificando o fator causal responsável pela insegurança e sofrimento.

Esse transtorno psicológico, portanto, tem sempre as suas raízes fincadas nas atitudes reprocháveis que o Espírito se permitiu e das quais não conseguiu libertar-se, porque tem conhecimento de que as não deveria haver praticado.

Dessa forma, quando, na Erraticidade, padece os conflitos que acumulou após a prática do ato perverso e não se facultou reabilitação moral, através da reparação junto ao ofendido ou em relação à sociedade que poderia auxiliar no seu processo de evolução espiritual.

Interiormente reconhece a justeza do sofrimento, inconscientemente sabendo que constitui instrumento de elevação. Equivoca-se, porém, na interpretação dos seus resultados, porquanto, a necessidade da reeducação não exige uma conduta de entrega inerme à dor, da qual não resultem benefícios e propostas de elevação moral.

Sofrer pelo simples fato de sofrer torna-se fenômeno inócuo no processo de crescimento espiritual.

Todo sofrimento deve fazer-se acompanhar de resultados opimos, aqueles que amadurecem o ser, que lhe ampliam os horizontes do entendimento, proporcionando serviço edificante, processo eficaz para contribuição em favor da Humanidade que prossegue carente de entendimento, afeto e ajuda para o seu desenvolvimento ético e moral.

O Espírito cresce interiormente iluminando a consciência com as diretrizes do dever que lhe constitui o estímulo para desenvolver as aptidões internas, remanescentes das concessões do Criador, e que lhe cumpre vivenciar, a fim de que se lhe fixem como mecanismo de evolução.

Dessa maneira, a *culpa* é uma presença que deve ser removida logo seja possível, a fim de que não se responsabilize por danos emocionais que devem ser evitados.

À semelhança de um espinho cravado nas *carnes da alma*, exerce uma função de advertência, em vez de uma presença punitiva, de forma que, desincumbindo-se do mister a que se destina, seja retirada da consciência, que se deve abrir à alegria da recuperação mental, colocando-se a serviço das aquisições de novas bênçãos.

Tanto se pode proceder terapeuticamente em relação à sua libertação, durante a estância no Mundo espiritual, pelo programar de novos compromissos edificantes e através do esforço em favor da correção da conduta, o que proporciona esperança e alegria, como transferir para as próximas reencarnações, quando se apresentará perturbadora em forma de conflito de mais difícil remoção.

Tendo-se em vista que a vida é espiritual, cabe a todos o dever de autoconscientização de que, operando a partir do Mundo causal em direção ao terreno, torna-se mais exequível a produção de valores saudáveis do que no sentido inverso.

Desse modo, a educação dos Espíritos desencarnados, conforme ocorre nas esferas em que habitam, assim como através do intercâmbio valioso nas reuniões mediúnicas, é de valor inestimável pelos resultados obtidos.

Esclarecidos a respeito das ocorrências inditosas e dos meios que se encontram ao alcance para o depuramento, toda uma programação bem elaborada é colocada a serviço da reabilitação pessoal, diminuindo a ocorrência de gravames afligentes no decurso da existência carnal.

Nesse capítulo, ainda outro benefício se pode auferir, que é o de evitar mecanismos obsessivos, que resultariam da insidiosa presença da vítima que encontraria as *tomadas morais na culpa*, aplicando os *plugues* do ressentimento, da ira, do desforço a que invariavelmente se entregam os infelizes.

Terapeuticamente, é um processo preventivo, libertador de mazelas, auxiliando o deambulante carnal no crescimento mediante conquistas e realizações edificantes, em vez do cárcere sem grades dos resgates mais difíceis que terá de enfrentar...

À medida que o Espírito se depura, mais se lhe acentuam os conceitos morais e sociais, exigindo cuidados especiais na área do comportamento, a fim de serem evitados esses transtornos do arrependimento, em forma de culpa, da amargura, como efeito da ação perpetrada e de que agora se dá conta a respeito da sua inutilidade, tendo em vista as excelentes maneiras de avançar, gerando felicidade.

Tornando-se mais exigente com a própria conduta, nessa fase é possível amar incondicionalmente, servir sem expectativa de retribuição, doar-se de maneira natural, sem que isso constitua sacrifício, enfim, ser útil em todas as circunstâncias do processo humano em o qual se encontra colocado.

Embora a presença da *culpa* na consciência seja convite à recuperação moral e reeducativa do infrator, lamentavelmente tipifica estágio inferior em que o Espírito transita, em face das concessões que se permite nos contínuos compromissos inditosos.

Dia virá, na sociedade terrestre, em que *a consciência de culpa* será substituída pela *consciência do dever*, por cuja claridade será mais fácil a utilização dos instrumentos ao alcance para o processo de renovação interior, trabalhando em favor daqueles que foram prejudicados e contribuindo para a edificação de uma sociedade, uma cultura nobre, bem como de relacionamentos mais saudáveis.

O tempo, portanto, que vige entre o erro e a sua recuperação está determinado pelo esforço do infrator que se conscientiza, assumindo a responsabilidade de mudança pessoal em relação a si mesmo e à vida.

Os ponteiros do relógio das oportunidades sempre volvem aos mesmos lugares, porém, em circunstância e em tempo diferentes, razão por que sempre devem ser utilizados os momentos que se fazem propícios para agir-se com acerto, equidade e respeito pelos demais.

Evitar-se, pois, a presença da culpa na consciência é dever que a todos cumpre considerar, desde que não faltam serviços reparadores, oportunidades de procedimentos compatíveis com as leis estabelecidas e os Códigos Divinos vigentes no Universo.

A disposição consciente para a recuperação pessoal é o primeiro passo para a libertação do conflito que se pretende estabelecer nos painéis mentais, gerando transtorno nas paisagens comportamentais.

De grande significação terapêutica o ensinamento de Jesus, quando propõe àquele que se encontra em débito com o seu próximo, conclamando-o a *que vá fazer as pazes* com ele, *antes de depositar a sua oferenda no altar*, porque é mais importante a conquista do equilíbrio interior e da consciência de harmonia, do que a exaltação ao Senhor da Vida, sem respeito pela Sua criação, particularmente em relação àquele que é o seu irmão...

Solicitar desculpas quando se erra, identificar o equívoco e reabilitar-se com naturalidade, contribuir em favor dos ideais de desenvolvimento da sociedade, trabalhar em cooperação com as obras edificantes, tornam-se recursos valiosos para a liberação da culpa decorrente dos processos equivocados que todos vivenciam durante a jornada carnal.

Ninguém, à exceção de Jesus, consegue o êxito total no empreendimento da evolução, sem viver os diferentes estágios do erro e da correção, do crime e da reabilitação, em face das heranças que permanecem no ser que transitou pelas faixas primárias, que se caracterizam pela supremacia do instinto, do impositivo da cadeia alimentar que impõe a morte de umas em benefício de outras espécies.

O leão que pretende dominar o grupo mata os filhotes da fêmea que pretende submeter, porque não lhe pertencem, passando, então, a procriar os seus próprios, de forma a dar continuidade à espécie.

Essa predominância da ferocidade transfere-se de uma para outra fase durante a cadeia de desenvolvimento antropológico, atingindo o período hominal com os terríveis impulsos de destruir aquilo que lhe não pertence...

Da mesma forma, quando a fera lambe o descendente em carícia não consciente, pode-se identificar a futura mãezinha osculando o filho do futuro. Nesse treinamento que exige incontáveis experiências evolutivas, o germe do amor está desenvolvendo-se e aprimorando-se até alcançar o patamar elevado de beijar os filhos de todas as mães, sem discriminação ou preferência.

A *consciência de culpa*, portanto, tendo atendida a sua finalidade, dilui-se e transforma-se na alegria de o indivíduo reeducar-se e viver plenamente conforme os deveres que abraça, na sociedade em que se encontra colocado para evoluir.

Terminada a comunicação turbulenta de uma Entidade obsessora, na noite de 9 de janeiro de 2005, no Centro Espírita Caminho da Redenção, em Salvador (BA), o orientador espiritual escreveu a página abaixo.

26

OBSESSÃO COLETIVA NAS SESSÕES MEDIÚNICAS

A inadvertência de médiuns e de psicoterapeutas de desencarnados, embora conhecedores da Doutrina Espírita, vitimados pela presunção ou pela invigilância, responde pela ocorrência periódica de um lamentável fenômeno de obsessão coletiva nas sessões práticas, que vem ocorrendo em diversos núcleos de atendimento espiritual.

Quase sempre o desvio de conduta geral tem lugar, quando alguém, menos afeiçoado ao cumprimento dos deveres em relação à mediunidade com Jesus, descamba na direção da leviandade, deixando-se fascinar por ambições injustificáveis em relação à produção de mensagens relevantes, de exaltação da personalidade, de exibicionismo, ou deixa-se influenciar pela hipnose dos Espíritos perseguidores que passam a telecomandá-lo.

De princípio, a obsessão pode ser diluída, por estar na fase incipiente, simples, caracterizada por estertores nervosos, pelas revelações desnecessárias e sem procedência, por comunicações pomposas e vazias, por comportamentos incompatíveis com os ensinamentos do Evangelho e do Espiritismo.

À medida que se lhe fixam no perispírito as matrizes do adversário desencarnado, a sucessão das comunicações torna a psicosfera do ambiente de má qualidade, dificultando a ocorrência do intercâmbio com as Entidades nobres, que não encontram receptividade nos membros do conjunto.

Surgem conflitos em torno da autenticidade das mensagens nos médiuns menos ostensivos, aparecem desconfianças a respeito da procedência das informações espirituais que são trazidas pelos benfeitores desencarnados, têm lugar as intrigas e maledicências, apresentam-se os distúrbios de concentração...

Esse médium invigilante, que se vai deixando arrastar pela sedução do seu opositor, começa a sentir-se privilegiado pelas contínuas comunicações de que se faz objeto, não raro, da mesma personagem, mistificando, atravessando a linha divisória que conduz à fascinação.

Nesse período, a vaidade toma-lhe conta e sente-se o responsável pelos trabalhos mediúnicos, acreditando-se veículo das orientações que procedem dos mentores espirituais e dando lugar a disparates e informações esdrúxulas, não compatíveis com a nobreza e a severidade da Doutrina Espírita.

A seguir, na sua fatuidade, passa ao estado de subjugação e irradia a influência morbífica que é captada pelos demais, tornando-se o ambiente psíquico da reunião assinalado pelas vibrações negativas geradoras do sono, da indiferença, do desinteresse dos membros que a constituem.

As reuniões práticas do Espiritismo, na atualidade, têm caráter iluminativo em favor dos desencarnados que sofrem, sejam elas de educação da mediunidade para principiantes, sejam as de desobsessão com intermediários experientes e conhecedores dos princípios espíritas.

Devem revestir-se, por isso mesmo, de simplicidade, sendo os seus membros trabalhadores sinceros e dedicados ao bem, de modo que se conjuguem os valores morais aos espirituais, num todo harmonioso, do qual decorrerão os resultados opimos que se devem perseguir.

A entrega espontânea ao espírito de caridade que deverá prevalecer abrirá portas aos benfeitores espirituais que se encarregam de orientar as atividades, programando-as com cuidado e critério, de forma que se beneficiem todos os partícipes, de um como do outro lado da cortina carnal.

Não deve haver lugar para as disputas emocionais em torno das faculdades de que sejam portadores os seus diversos membros, preparando-se todos com esmero para que, no momento aprazado, as comunicações sejam bem captadas e o programa estabelecido seja cumprido.

É inevitável que Espíritos perversos, igualmente sofredores, embora disso não se deem conta, tentem seduzir algum dos médiuns, aquele que seja mais fraco, sob diversos aspectos considerados, ou se comunique com o objetivo de gerar discussões infrutíferas, nas quais são hábeis para tomar o tempo útil, ou mesmo tentando enganar os menos experientes.

Dispostos a combater os excelentes recursos de socorro aos infelizes, bem como desejosos de manter a ignorância em torno do Mundo espiritual, onde se encontram, em desdita, a fim de atrair mais incautos, conforme eles mesmos, tudo investem contra a mediunidade e as reuniões sérias, organizando armadilhas, forjando planos contínuos de agressão com os propósitos nefastos que os caracterizam.

Vinculados aos objetivos inferiores que os sustentam na insanidade em que se demoram, veem, nas reuniões mediúnicas, um adversário poderoso pronto a desmascará--los, a revelar aquilo que aguarda o indivíduo sem compostura durante a existência humana, depois da desencarnação, bem como aqueles que descambam para o vício e para o crime. Por consequência, tudo investem no sentido de criar embaraços a este ministério libertador de consciências e de sentimentos, tornando-se-lhe inimigos frontais e atrevidos.

Em face da ocorrência, devem todos aqueles que participam de reuniões mediúnicas, e não somente esses, permanecer vigilantes em torno das sutilezas da obsessão, procurando tomar providências imediatas, logo se apresentem os primeiros sinais, de forma que seja obstada imediatamente a sua instalação.

Pessoa alguma está livre de interferência espiritual negativa, em razão do seu estado de humanidade, das imperfeições que lhe são inerentes, das situações, às vezes, aflitivas que todos atravessam, especialmente os portadores de mediunidade, portanto, mais sensíveis, que se devem precatar com mais cuidado.

Os recursos valiosos e inquestionáveis para a eliminação de qualquer foco de obsessão – em reuniões ou em indivíduos isoladamente – serão sempre a oração e o cuidado na observação das ocorrências que tenham lugar na conduta de cada um, confrontando-as com os ensinamentos do Espiritismo.

O procedimento moral é, igualmente, um grande e poderoso antídoto às perseguições dos Espíritos viciosos e impertinentes, que defrontam forte barreira vibratória, que decorre das emanações psíquicas do seu portador.

Quando ocorra incidente dessa natureza nas reuniões mediúnicas sérias, cabe ao psicoterapeuta de desencarnados orientar a Entidade obsessora, sem as discussões inoportunas, mas através dos recursos valiosos da lógica e do Evangelho de Jesus, conclamando-a ao despertamento de si mesma, a fim de ser feliz. Outrossim, é de bom alvitre que o médium seja advertido carinhosamente, de maneira que evite sintonia com essa mente infeliz, não se tornando instrumento de perturbação para o grupo.

O mal, assim que se apresente e seja percebido, deve ser enfrentado com os instrumentos da mansidão e da misericórdia, da sabedoria e do amor, valiosos recursos que são para a condução dos atormentados ao Reino de Deus.

A reunião mediúnica é campo fértil para a ensementação da luz libertadora da ignorância e da perversidade.

Zelar pela sua preservação é dever de todos aqueles que a constituem, responsavelmente.

Segunda Parte

1

Preparação para a morte

O inexorável fenômeno da morte é parceiro vigoroso das expressivas manifestações da vida biológica.
Sucedem-se, um ao outro, reciprocamente, em intercâmbio contínuo, até o momento em que se interrompe o fluxo vital, dando lugar à desencarnação.

Enquanto a mitose celular ocorre, mantendo a organização fisiológica, milhões de outras células desarticulam-se vencidas pelo desgaste, após realizado o mister que lhes diz respeito.

Assim, vida e morte, na fenomenologia orgânica, são partes idênticas da equação existencial.

Nada obstante, a criatura humana acompanha as transformações que se lhe operam na maquinaria física, sem dar-se conta da proximidade da morte que, aliás, acontece em todos os períodos da vida transitória.

Mergulhando na névoa carnal, o Espírito olvida a sua procedência e evita pensar no impositivo do retorno que lhe sucederá, procurando, nas fugas psicológicas, nas dissipações, no prazer incessante a maneira de não ser consumido pelo processo de desgaste. Assim, acredita que a morte é questão para remotas reflexões, quando se anunciar, qual se houvesse a necessidade de aviso prévio, não fosse o contínuo passar dos minutos a inabordável informação.

Desse modo, não se permite pensar na transitoriedade do carro orgânico, embora lhe anote a paulatina desorganização, na sucessão dos dias, as dificuldades que se apresentam, o emperrar das peças, os transtornos de conduta assinalando a inevitabilidade do fim desse ciclo e o início de outro mais significativo e mais relevante.

Exclui das suas reflexões a realidade imortal, aferrando-se aos impositivos do corpo e da existência física, como se essa fosse indestrutível.

Tudo lhe fala sobre a fragilidade do organismo, a sua temporalidade, os riscos a que está sujeito, no entanto, o engodo que se permite o indivíduo faz que ignore esses impositivos de alta significação.

Prossegue, então, formulando planos para o gozo, acumula inutilidades, disputa primazias e favores, luta por migalhas, explode de ira e cólera quando se sente contrariado, ao invés de comportar-se de maneira mais lógica e saudável.

Considerasse, no entanto, a jornada material na condição de uma experiência com limites estabelecidos de tempo e de oportunidade, muito diferente seria a sua maneira de viver e de ser.

Valorizasse as coisas e ocorrências somente do ponto de vista da sua relativa significação, e aprenderia o desapego, a liberdade, a compreensão a respeito das demais criaturas, superando as conjunturas afligentes a que se amarra, vivenciando bem-estar e alegria de viver.

Mediante essa conduta educativa evitar-se-iam desgastes e mágoas, inquietações e rebeldias, consciente de que estaria de encontrar-se num contexto de elevação rápida e de segurança limitada...

Pensasse que cada dia vencido é um a menos no calendário do futuro e adquiriria júbilos que se fariam estímulos para o prosseguimento da jornada, experimentando a liberdade em relação aos fatores de perturbação e de angústia.

A preparação para a morte merece um tratamento pedagógico semelhante ou talvez mais cuidadoso do que aquele apresentado pelo currículo existencial.

Criando o hábito de pensar na interrupção das atividades, na cessação dos programas, a ação teria procedimentos felizes e enriquecedores de paz.

A leviana indiferença em torno da morte faculta o encharcar-se mais nas paixões sensoriais, nos impulsos primários, nas lutas pela posse, pela dominação de coisas e pessoas...

Terrível frustração sucede a esses que assim procedem, quando o guante da desencarnação lhes interrompe o galopar dos desejos e da loucura a que se entregam...

Morrem, sem dar-se conta da ocorrência, continuando na azáfama a que se entregavam...

Algumas vezes, surpreendidos, acompanham sofrendo a disjunção molecular e negam a realidade, diante do corpo que se dilui. Experimentam as dores e cruéis situações de que são forçados a participar, em face das impregnações do perispírito imantado aos despojos pelas terríveis ligações até então mantidas. Apavoram-se ante a decomposição cadavérica, procurando romper os liames que os detêm jugulados aos despojos carnais, acreditando-se em pesadelos contínuos, como se não houvera sido a sua existência uma viagem em neblina no rumo da alucinação...

O pior está nas sensações que experimentam, como se as estivessem vivendo intensamente, em decorrência dos longos apegos agora difíceis de ser liberados.

Todo processo de fixação impõe período idêntico para a sua liberação.

Assim ocorre com os vícios morais, mentais, emocionais e físicos, que permanecem afligindo o Espírito, mesmo quando já os abandonou, desde há algum tempo. Ei-los que ressurgem em sonhos, em ressumar de *necessidades,* impondo-se como algozes dominadores, tentando arrastar de retorno às dependências infelizes.

Em outras oportunidades, enlouquecem e afundam no poço do esquecimento de si mesmos, sendo reconduzidos a dolorosas reencarnações, arrastando situações de demência, de imobilidade tormentosa.

Por fim, em situações outras, são arrebatados por inimigos também desencarnados, que realizavam parceria mental obsessiva com eles, nutrindo-se das suas energias e prosseguindo na vampirização perversa...

A morte é somente uma experiência de desvestir uma para assumir outra indumentária, entretanto, prosseguindo na vida.

Quanto menos se prepara o indivíduo para o seu enfrentamento, mais dolorosa se lhe apresenta no momento em que se impõe.

O hábito de pensar no fenômeno inevitável produz aceitação da ocorrência, predispondo a uma natural conduta diante dele, o que faculta mais imediata liberação das ataduras e fixações emocionais em relação ao fardo celular.

Isto, porque as experiências cultivadas no corpo prosseguem exigentes e alucinatórias, quando se interrompem, da mesma maneira como sucede com as emoções superiores que elevam a mente a faixas vibratórias superiores, facultando o experienciar de alegrias e de paz.

Desse modo, longos transes em vida vegetativa no corpo, prolongados comas e difíceis recuperações orgânicas são, para o Espírito, terapia valiosa e recurso iluminativo para a sua evolução.

Ninguém deslustra as Leis Universais, sem que seja convocado à reabilitação. Assim, indispensável se torna a todos os viajantes do carreiro material o dever de pensar na morte, na maneira como a enfrentará, nos recursos de que dispõe, no desapego aos denominados bens materiais, preparando-se conscientemente, pois que se desencarna conforme se reencarna com o patrimônio moral invisível e essencial.

Logo após a psicografia da página anterior, comunicou-se, por psicofonia, um Espírito, que assim se pronunciou:

Doloroso depoimento

Amigos e irmãos:
Que Deus nos socorra em nossas necessidades!

Venho, atendendo a solicitação do benfeitor espiritual Miranda, a fim de apresentar o meu doloroso depoimento, perfeitamente compatível com a página que grafou.

Fui abençoado com a dádiva do conhecimento espírita enquanto me encontrava reencarnado, e, nada obstante, permiti-me o tóxico da ilusão que me levou a terríveis desvarios, de que me arrependo amargamente.

Embora acreditasse na imortalidade da alma, não vivi de maneira adequada, que demonstrasse essa crença.

Permiti-me a atitude de quem tem sempre ainda muito tempo pela frente, de forma que poderia recuperar-me dos dislates, quando a enfermidade grave ou a velhice me tomassem o organismo.

Ledo engano!

A morte surpreendeu-me quando me encontrava na exuberância das forças orgânicas, um pouco antes de completar os 50 janeiros, mediante um inesperado acidente cardiovascular.

Mergulhei em noite densamente escura, povoada de angústias íntimas e desespero insopitável. Por mais que me rebelasse, gritando por socorro e esclarecimento, sentindo dores inomináveis, o horror não diminuía. Tinha a sensação de encontrar-me no fundo de um poço sombrio de onde não podia fugir. As sensações do corpo decompondo-se, faziam-me sofrer acerbas aflições e dores antes jamais vivenciadas. Sentia-me vencido por víbrios devoradores que me consumiam as carnes em putrefação, escorregando nos resíduos líquidos e fétidos do corpo, sempre que tentava pôr-me de pé.

Encontrava-me, porém, no túmulo onde foram arrojados os meus despojos materiais.

De quando em quando, relâmpagos horríveis iluminavam a treva, facultando-me ver rapidamente a prisão hórrida em que me situava.

Como não tivesse um segundo de repouso e não passasse a agonia infinda, somente, a pouco e pouco, dei-me conta da realidade, isto é, que poderia haver desencarnado, porquanto eu tinha ideia do que acontecia aos Espíritos sensualistas e vulgares, como eu mesmo, após o fenômeno da morte fisiológica...

Às dores físicas somaram-se lentamente as morais, resultado da consciência que despertava, das noções de responsabilidade que permaneciam nos arquivos da memória.

É indescritível o que me aconteceu: passei a ter crises de loucura, de amnésia, logo sucedidas pela lucidez, a fim de avaliar a extensão do sofrimento que me acometeu.

Ninguém é capaz de avaliar o desespero que me avassalava, somado ao remorso, a um arrependimento que reconhecia tardio, portanto, inútil, somente piorando a situação hedionda.

Tombei na blasfêmia contra mim mesmo, contra a existência que desperdiçara, contra todos e tudo...

Ao invés de refrigerar-me o íntimo, a revolta tornou pior o meu deblaterar, porquanto pareceu atrair para aquele sítio infeliz uma chusma de Espíritos perversos que gargalhavam da minha situação, agrediam-me com doestos chulos e carregados de ódio, recordando-me a fé religiosa que abraçara e desprezara em face da minha conduta reprochável.

Não posso, ainda hoje, avaliar o tempo infinito que transcorreu nesse inferno de aflições contínuas...

Quando concluíra que não suportaria por mais tempo, sem perder totalmente a razão, recordei-me do concurso da oração e, sob chuvas de infâmias e angústias, recorri ao Senhor de Misericórdia, suplicando perdão, compaixão, nova chance...

Um sono reparador e rápido me acometia, para logo despertar no mesmo báratro de onde não conseguia fugir. Voltavam todos os desesperos, em forma de alucinação, de consciência do que acontecia, do pesadelo...

Compreendi que a prece me seria a única forma de libertação, e deixei-me vencer pela vontade de renovação, de liberação do lugar em que os horrores aconteciam, passando a experimentar um pouco mais de alívio.

Com o tempo, a noite, lentamente, foi-se tornando menos sombria, os algozes já não me atingiam com as suas agressões, até uma oportunidade, quando meu pai me apareceu, gentil e compassivo, arrancando-me do terrível desterro, conduzindo-me a uma câmara espiritual de lenta recuperação e refazimento das energias...

Passou-se largo tempo, até o momento quando amigos do Mundo maior começaram a contribuir em meu favor, entre os quais o venerando Philomeno de Miranda, que aqui me trouxe, conscientizando-me do compromisso para comigo mesmo e da forma como o conduzira durante a finda existência carnal.

Usando o corpo somente para o prazer, buscando o desenvolvimento intelectual para melhor usufruir as benesses da vida, ludibriei-me a mim mesmo, enveredando pelos tortuosos caminhos da hipocrisia, mantendo a aparência social, gentil, que agrada, e a realidade dos vícios que a mim me consumia.

Sempre que era alertado pela consciência, eu retrucava:
– *Há tempo ainda, muito tempo...*

Tive mesmo ocasião de proferir palestras elucidativas para os outros, desfrutando da vaidade em face da lucidez mental e dos conhecimentos adquiridos, que deveriam servir-me de rota de segurança, complicando ainda mais a minha responsabilidade.

Empolguei-me com as lições de amor exaradas em o Evangelho, porém, vivi longe dele, mentindo-me, quando pensava estar enganando os demais...

É certo que não cometi crimes, nem tive uma conduta perversa como se poderá pensar. Somente que me prejudiquei, pensando crer em algo que não era respaldado pelos atos, iludindo-me com a concessão de flertes com a verdade, assim desculpando-me da insensatez.

Hoje, a dor do remorso, o aguilhão da consciência ferindo-me não constituem menor sofrimento do que aqueles anteriores. A dor mudou somente de apresentação e de intensidade, tornando-se menos feroz, mas ainda vigorosa.

Não me atrevo a alertar-vos de que são muito rápidos os dias da existência, porque todos estais muito bem informados, conforme eu mesmo estive.

Sou o espectro da amargura, apresentando a minha dolorosa experiência extratumba.

Continuo vivo, aliás, intensamente vivo, muito mais do que durante o mergulho na névoa orgânica.

Caso, porém, as minhas palavras possam contribuir de alguma forma para a reflexão de algum dos senhores, e terei alcançado a meta que me foi proposta, correspondido à expectativa do benfeitor espiritual.

Meditai, portanto, sempre. Cada instante fruído torna-se passado que acumula as experiências no âmago do ser que se é.

Tendes a felicidade de ouvir e dialogar conosco, da mesma forma que eu a possuí. Diferente, porém, será o vosso futuro, se agirdes de maneira diversa de mim, lembrando-vos, que não basta cometer crimes para serdes infelizes, já que não proceder bem, não agir através do reto culto do dever, tornam-se um grande mal, de que não vos desculpareis.

A consciência é implacável tribunal, onde as Leis de Deus ali escritas atuam de maneira irrefragável.

Se possível, lembrai-vos de mim, em vossas preces, no final da reunião.

Vosso irmão arrependido, embora confiante no futuro, que volverá à Terra com muitas limitações para autossuperar-se.

Demócrito Alencar

(Página psicografada pelo médium Divaldo P. Franco, na reunião mediúnica da noite de 22 de agosto de 2005, no Centro Espírita Caminho da Redenção, em Salvador, Bahia.)

2

Sutilezas da obsessão

No vasto panorama dos graves distúrbios por obsessão, destacam-se as técnicas sutis de que se utilizam os Espíritos perversos e vingadores em relação aos seus desafetos.

Muitas vezes, dá-se a ocorrência pelas afinidades emocionais e sensoriais vigentes entre os litigantes, facultando o intercâmbio nefasto.

Por ignorância do desencarnado, a respeito do estado em que se encontra, imanta-se por automatismo vibratório em outrem do plano físico, em faixa idêntica mais grosseira, transmitindo-lhe os conflitos e sofrimentos de que se encontra possuído. Embora não tenha o desejo consciente de prejudicar, as emanações psíquicas deletérias contínuas terminam por afetar aquele que lhes experimenta a injunção. Estabelece-se, então, a obsessão simples que, não cuidada, tende a agravar-se em decorrência da maior fixação do *hóspede* no organismo no qual se enraíza.

Paulatinamente, a maquinaria orgânica do *hospedeiro* passa a sofrer danos, qual ocorre com a árvore vitimada pela planta parasita que lhe rouba a vitalidade, consumindo-a gradativamente até lhe alcançar a seiva...

Noutras ocasiões, o agente perturbador, vinculado às perversões que se permitiu durante a experiência carnal, acerca-se de pessoa afim e passa a atormentá-la, vampirizando-lhe as energias gastas pelos abusos do sexo, das bebidas alcoólicas, das drogas aditivas...

O intercâmbio faz-se tão vigoroso que o desencarnado parece reviver fisicamente, voltando a desfrutar das sensações de que sentia falta, enquanto exaure aquele que lhe serve de nutriente. Exacerbam-se os apetites vulgares e ambos se engalfinham em desfrutar de mais amplos prazeres.

Por consequência, a *vítima* desarticula as emoções e deixa-se empurrar pelas paixões servis até tombar no mergulho, cada vez mais, no pântano dos vícios em que se asfixia, perdendo o sentido do prazer real e vivenciando gozos exaurientes que a mantêm insaciada, sendo conduzida às situações lamentáveis de degradação e de horror.

Mais dolorosa torna-se a complexa interdependência quando lhe ocorre a desencarnação, despertando na mesma avidez perturbadora, continuando presa do algoz que a explora penosamente, até o momento em que a Divina Misericórdia interfere, recambiando ambos os infelizes à reencarnação libertadora...

Há, igualmente, obsessões sutis e não menos perigosas, que se insinuam de forma covarde e persistente.

O adversário desencarnado, hábil e insidioso, projeta o seu pensamento na direção daquele a quem pretende afligir e, produzindo contínuas ressonâncias vibratórias, sitia-lhe a *casa mental* através da insistente emissão de ondas até lhe perturbar a razão, conseguir aceitação da ideia odienta, que passa a fazer parte do raciocínio da vítima. A ideia que se fixa lentamente se transforma num clichê forte, no qual está retratada a proposta obsidente, agora fixada no pensamento.

Tão delicada faz-se a injunção, que o paciente encarnado começa a acreditar que o tumulto mental que o aflige é de sua própria elaboração, derreando-se no desânimo, no pessimismo, na depressão.

Essa turbulência alucinante apresenta-se sob muitos aspectos, em particular nas necessidades sexuais, estimuladas pelas sugestões e imposições da mídia desprovida de dignidade, por pessoas igualmente transformadas em *pastos* que abrigam multidões de sexólatras desencarnados, procurando demonstrar que a liberação das funções genésicas permite o uso e o abuso extravagante. Modelos de beleza física, ambiciosos pela fama e pela fortuna, perdem totalmente o sentido existencial e entregam-se ao exorbitar da luxúria, escravizando-se aos seus exploradores espirituais, que transitam mentalmente pelas pontes da comunhão desordenada com os parceiros terrestres.

Poderá parecer que o sexo é veículo de degradação, quando a problemática é da mente individual, que dele faz o que lhe interessa e agrada, na desenfreada corrida pelo prazer doentio, como se a vida ficasse reduzida aos estertores do orgasmo.

Não é, pois, apenas o sexo o responsável pela alucinação, mas toda e qualquer função orgânica, anseio moral e ambição moral que não estejam pautados nas leis do equilíbrio, nas disciplinas indispensáveis a uma existência saudável.

Como, porém, o grande mercado sexual tem primazia nos mais diversos segmentos sociais, nos veículos de comunicação, na propaganda de produtos, há um entusiasmo injustificável pelo culto do corpo, pelos acepipes da libido, pela abundância da vulgaridade e excesso de orgias...

Desse modo, merece que sejam ampliadas as reflexões em torno da sutileza das obsessões, a fim de que se possa entender-lhe os mecanismos delicados e complexos.

Quando ocorram pensamentos repetitivos perturbadores, reduzindo a polivalência deles, restritos a uma ideia que se destaca e predomina, eis que se inicia o processo sombrio enfermiço.

Da mesma forma, quando os fenômenos da antipatia entre amigos ou meramente conhecidos passem a crescer, gerando animosidade em instalação, sem qualquer dúvida, além das barreiras carnais movimentam-se interesses perversos administrando o raciocínio daquele que assim se comporta.

Sob outro aspecto, mesmo no culto de qualquer ideal, quando se apresentam programas esdrúxulos ou úteis, mas não oportunos, com riscos de fazer soçobrar o edifício do bem, há forças espirituais negativas conspirando, cruéis, para o descrédito, a destruição do trabalho.

Toda vez quando os sentimentos se armem contra o próximo, ou se afeiçoem em demasia, a ponto de perder a linha do equilíbrio, tenha-se certeza de que uma obsessão sutil, em agravamento, encontra-se em instalação.

As fixações mentais que desestruturam o comportamento psicológico, além do caráter de instabilidade emocional, tornam-se canais para interferências negativas por parte de Espíritos ociosos e doentios, que andam à espreita de campos experimentais para o conúbio exploratório de energias físicas a que se imantam.

O ser humano viaja no corpo vivenciando os impositivos da evolução, sujeito às exigências sociais, familiares, econômicas, culturais... O tempo de que dispõe é praticamente aplicado para a desincumbência dos deveres e dos prazeres possíveis, que o refrigeram e estimulam ao prosseguimento no esforço material para a denominada sobrevivência física, com quase total olvido da espiritual.

Por uma imposição materialista, mesmo quando possui uma fé religiosa e acredita na continuação da vida após a morte, raramente lhe oferece o tempo necessário para a reflexão, para a harmonia, para a inspiração. Inclusive, aqueles que se filiam às nobres hostes do Espiritismo cristão, nem sempre dão-se conta das interferências espirituais de que são objeto.

Devaneiam, duvidam, descuidam-se da vigilância em relação aos pensamentos, à conduta, às aspirações.

Esse comportamento dúbio – a crença e o desaviso – permite que os inimigos soezes, que os vigiam, acerquem-se-lhes ou não, emitindo ondas contínuas de ideias obsessoras, que passam a incorporar-se-lhes às paisagens interiores.

O pouco tempo de que dispõem, justificam-se, não lhes permite aprofundar as reflexões em torno das ocorrências existenciais, particularmente em torno da Vida espiritual que lhes diz respeito, e vão aceitando as hábeis induções perniciosas que lhes são transmitidas pelos infelizes perseguidores, terminando por dominar-lhes a vontade.

Sabendo planificar com habilidade o projeto de desforço e reconhecendo no desafeto valores morais que não podem confundir nem perverter, geram situações embaraçosas onde se encontram, a fim de inquietá-los, de afastá-los dos círculos de atividade moral, de benefícios pessoais e coletivos, até os sitiarem, mais tarde, e desferirem os golpes mais profundos.

A partir desse momento, aqueles que lhes sofrem a peçonha, passam a ver tudo sombrio onde se encontram, a desconsiderar o que antes era importante, atribuindo-se títulos de engrandecimento que, em realidade, não possuem, terminando por tomar horror ao que antes era aprazível, motivador de felicidade. E não se dão conta das próprias limitações, dos erros que também cometem, sempre atribuindo aos demais a responsabilidade pelos insucessos.

Essa ocorrência estende-se aos relacionamentos afetivos, sociais, comerciais, utilizando-se dos naturais fenômenos de saturação da convivência, do tédio pela repetição dos atos e sua monotonia, do estresse...

Se quando o indivíduo permanece no rígido cumprimento dos deveres, a sós e no grupo espiritual em que moureja, surgem desafios e criam-se dificuldades de relacionamento com perturbações compreensíveis, muito menos resguardado estará quando distante das defesas nas quais encontrava apoio. É natural, portanto, que sejam produzidas dissensões, cizânias desgastantes, a fim de expulsá-lo do ambiente cuja psicosfera é-lhe benéfica. O orgulho, o melindre, no entanto, encarregam-se de ser os instrumentos de fácil controle para que os seus adversários aumentem em gravidade as ocorrências mesquinhas e insignificantes, dando-lhes exagerada valorização, mediante a qual se desgarra ofendido, ficando à mercê de forças mais causticantes...

As obsessões sutis são perigosas, exatamente em razão da sua delicadeza de estrutura, da maleabilidade com que se apresentam, sendo confundidas com as naturais manifestações de conduta psicológica pertinente a cada indivíduo.

É necessário muito discernimento para distinguir, quando se expressam desajustes emocionais, transtornos orgânicos que afetam a conduta psicológica e influências espirituais perturbadoras.

Mesmo em se tratando de injunções da saúde emocional, é válido considerar-se que, estando incursos na Lei de Causa e Efeito, os sofrimentos fazem parte do currículo existencial, mantendo-se disposição para os enfrentamentos afligentes, mas também se considerando a hipótese de ocorrer injunção obsessiva, o que faculta melhor terapêutica, mais adequada conduta moral para a liberação da prova libertadora.

Tornar os ensinamentos cristãos parte da filosofia existencial diária constitui um recurso valioso para a preservação da saúde sob quaisquer aspectos considerados, e mesmo quando se manifestem enfermidades, na condição de terapia psicológica e espiritual, capaz de manter o equilíbrio interior e a coragem para o prosseguimento da luta até o momento da vitória.

Desse modo, deve-se envidar todo esforço para preservar a paz de espírito, o clima de bem-estar interior onde se encontre, não vitalizar animosidades, trabalhar-se pela harmonia de consciência, sustentando-se no alimento da oração, preservando a caridade na mente, no coração e na ação, que constituem antídotos eficazes para a prevenção contra as obsessões sutis e terapia curadora, quando já se encontrem instaladas.

Logo após a psicografia da página anterior, veio trazido à comunicação psicofônica, o irmão amargurado que nos narrou a sua experiência:

REMORSO TARDIO

Aporto neste cais de segurança na condição de náufrago, que foi vencido na voragem ciclópica do próprio desespero.

A embarcação frágil do corpo despedaçou-se no encontro com os arrecifes da Realidade.

Transitei, no mundo, hebetado pela ilusão, mascarando uma felicidade que me encontrava distante de possuir.

Por que não se me apagam da memória as cenas de horror, que ora me envergonham e angustiam? Por que não se diluem as imagens das lembranças como a neblina que o Sol desmancha?

É que o calceta deve expiar os seus crimes até o momento final, sorvendo o fel que acumulou, de forma que não fique qualquer vestígio.

Por que a ilusão é tão poderosa em nosso peregrinar terreno?

Considerei a vida física uma viagem ao encantador país do prazer, fruindo até o cansaço todas as sensações com que o corpo brinda a existência. Acreditei que não cessariam as alegrias e os gozos aos quais me entreguei de maneira irrefreada.

Não posso dizer que sucumbi às paixões, porque elas estavam em mim e comprazia-me experimentá-las em todas as suas formas e manifestações.

Entreguei-me ao desvario do sexo sem controle, ferindo sentimentos, traindo confiança, despedaçando esperanças, sob o jugo de incessante necessidade de renovação dos gozos.

Arrogante e vulgar, disfarçava sob tecidos caros e bem talhados a escabrosidade do ser que era. Sabia dissimular os sentimentos vis, assumindo postura social elegante e trato cuidadoso. Atraía pelo porte, pelas maneiras e pela forma de seduzir, fazendo de conta que estava sendo conquistado.

Hábil no manejo da palavra e perverso na satisfação do egoísmo, as pessoas de que me utilizava não passavam de paixões momentâneas, que eram substituídas por outras, assim que o tédio me tomava.

Viajei pelas emoções alheias como um canibal que se compraz no sofrimento da sua vítima.

Não esperava que a morte, sempre à espreita, surpreendesse-me em um momento de lascívia, de desgaste do organismo vitimado pela insaciabilidade dos desejos.

Não morri, porém. A consciência permaneceu e continua lúcida, agora afligida pelas lembranças e sob o látego de um adversário, para mim desconhecido, que me impunha os seus impulsos inferiores, em razão da minha constituição moral doentia.

Somente então me dei conta de que, enquanto eu explorava, era também explorado por perverso verdugo que se não compadecia da minha insânia, empurrando-me para o fosso mais pestilento que existia.

Não o posso culpar totalmente, porque eu era um homem que pensava, que sabia o que estava fazendo, que podia discernir, mas não dispunha de forças morais para superar as torpes manifestações do primitivismo.

Encontro-me numa noite, na qual não luz sequer a esperança.

Por que o arrependimento chega depois do fato consumado, não facultando ensejo de recomeço, de tudo ser iniciado outra vez?

Por que o remorso transforma-se em um ácido que requeima a consciência sem cessar?

O remorso é um anjo que chega tarde. E não antecede à ação nefasta, porque espera que a consciência cumpra com o seu dever. Quando isso não ocorre, só posteriormente se apresenta com alta carga de sofrimento.

Procuro uma saída na escabrosa condição em que me encontro, qual o indivíduo que acende uma lâmpada para melhor ver a escuridão...

A tristeza, filha do arrependimento, faz-me contorcer no labirinto das recordações infames que não cessam.

A dor moral é bem mais dilaceradora do que a de natureza física. Jamais imaginei que a vida era tão severa com aqueles que a deslustram.

Colho os espinhos e os frutos amargos da sementeira do desespero.

O pior, é que não tenho coragem ainda de superar as angústias que trouxe, lamentando a perda do fardo carnal.

O não fruir os gozos a que me acostumara constitui um outro martírio. É a sede do desejo, num conflito existencial feito de amargura e de perda, por aquilo que abjuro e detesto.

Vivi para a ilusão, e a realidade me surpreendeu.

Considerei que a fantasia era mais poderosa do que tudo quanto se me apresentava como real. Equivoquei-me por interesse, justificando os meus atos abomináveis como necessidades da vida. Qual vida? A do suíno que somente come, dorme e procria, aguardando o cutelo que lhe decepará a vida, quando bem nutrido?

Vendavais e fantasmas fazem parte do meu angustiante penar. Sou absorvido no sorvedouro do remorso ultor.

Não venho pedir misericórdia, pois sei que mereço tudo quanto ora me sucede.

Estou informado que voltarei, dispondo de oportuno e futuro renascimento para refazer o caminho.

Jornadearei por estrada íngreme e áspera, semi-hebetado e assinalado por conflitos emocionais esmagadores.

Reiniciarei o caminho percorrido, de forma que apague as pegadas de dor e sombra que ficaram como sinais do meu passo anterior.

Traí, menti, enganei... a mim mesmo iludindo, porque ninguém foge da consciência que se anestesia, para logo recuperar a lucidez.

Fui convidado a prestar este depoimento, o que faço com insopitável emoção de sofrimento.

Aqui me trouxeram a este cais para que aportasse em segurança por algum tempo, enquanto narro a dolorosa experiência que me permiti.

Rogo escusas pelo tempo tomado, considerando que outros talvez pudessem oferecer mais preciosa lição. No entanto, a minha é de advertência, daquele que viveu equivocado, supondo-se inatacável, possuidor de todos os méritos para não sofrer, embora propiciando dores aos demais...

Se a minha experiência servir de alguma forma para alertar algum entre os que me ouvem, terei logrado um fascículo de luz para tornar minha noite menos sombria. Terei iniciado a viagem de recuperação, fixando o primeiro valor do bem, a conquista inicial que me conduzirá a outro porto de segurança mais tarde, quando terminar a travessia do oceano tumultuado da próxima existência...

Agradeço a atenção e a compaixão com que me ouvem.

Wellington Aparício Coelho

(Mensagem psicofônica recebida pelo médium Divaldo P. Franco, no término da reunião mediúnica do Centro Espírita Caminho da Redenção, na noite de 5 de outubro de 2005, em Salvador, Bahia.)

3

Autoconsciência e auto-obsessão

O processo de autoconscientização do indivíduo é resultado de um vigoroso e contínuo empenho, após tomada a decisão de alcançar a autoiluminação e da vontade empregada para consegui-la.

Transitando por níveis diversos de consciência, nos quais são adquiridos novos valores ético-morais, o Espírito arquiva nos alicerces da memória – o seu inconsciente individual – as experiências que vivenciou, detendo-se naquelas que lhe resultaram mais enriquecedoras, fixando-as com maior veemência. Da mesma forma, são registradas também e mais facilmente as atividades que mais se repetiram, mesmo que viciosas e perturbadoras, produzindo condicionamentos poderosos que se imporão na conduta por ocasião de novos cometimentos humanos.

Em razão desse fenômeno, ressumam, nas diferentes reencarnações esses substratos, que emergem em forma de hábitos e costumes impositivos, que somente a educação moral e o exercício racional de novos anseios conseguem superar.

Nessa condição, faz-se necessário que se busquem novos patamares de evolução, mediante a ideação de questões relevantes, enobrecidas, despertando o Eu profundo a fixá-las, ao mesmo tempo trabalhando para vivenciá-las.

Acomodando-se, porém, no já conseguido, o ser humano, por largo período no transcurso da evolução, deixa-se arrastar pelos automatismos, até o momento em que as dores o sacodem, rompendo o marasmo a que se entrega.

Estagiando nessa fase de fenômenos já conhecidos, amolenta o caráter, desperdiçando as melhores energias no culto das sensações, sem aspirar a mais dignas expressões do sentimento, que se pode engrandecer, propiciando real e duradoura felicidade. Entretanto, em face do vício de qualquer natureza a que se acostumou, prefere a mesmice doentia ao enfrentamento desafiador que lhe pode modificar a estrutura do comportamento para melhor, embora árduo na sua conquista, e de resultados permanentes, distantes do sofrimento.

Não se torna imperiosa, o único meio de mudança emocional, a presença do sofrimento, porque a atração divina que conduz o Espírito à plenitude, intui-lhe o dever de melhorar-se, propicia-lhe o entendimento da aplicação do amor como veículo de autorrealização, que no entanto desconsidera em razão dos condicionamentos em que se compraz.

Essa postura arraigada no inconsciente agora repetida dá lugar à cristalização dos sentimentos mais primários, os asselvajados, criando impedimentos à indispensável mudança de atitude para a autorrealização espiritual.

Repetidamente, esses comportamentos experimentais, que devem ser superados ao vigor do pensamento que os sustenta, plasmam-se, adquirindo *vida* e passando a assaltar os processos mentais daquele mesmo que os fomenta e preserva, concedendo-lhes vitalidade...

Surgem, então, os lamentáveis processos de auto-obsessão, nos quais as fixações mentais transbordam em desvios de conduta, como resultado do atropelo das ideias doentias, empurrando para depressões, para transtornos obsessivo-compulsivos, para síndromes de pânico, para delírios...

Em face do impositivo do progresso, o sofrimento autogerado por decorrência da insensatez do calceta, funciona como escoadouro das emanações morbíficas produzidas, até que a desencarnação generosa desvista-o, recambiando-o à Vida espiritual de onde procede, despertando amparado pela Misericórdia Divina sempre presente em toda parte, podendo reprogramar as futuras jornadas, compreendendo a necessidade de adquirir a autoconsciência.

Somente quando a possua é que se lhe torna factível experimentar reais modificações na estrutura do comportamento, em face das informações contínuas em torno da responsabilidade, do dever, decorrentes da lógica adquirida, bem como do conhecimento da realidade.

Essa conquista, no entanto, somente é possível mediante o exercício da reflexão, da investigação dos pendores morais, correlacionando-os com as infinitas possibilidades da aquisição do equilíbrio e da paz.

À medida que a autoconsciência desperta, eliminando ou levando a superar-se as tendências à acomodação, à repetição do esquema do prazer em detrimento dos compromissos em prol da libertação dos vícios, mais amplas possibilidades se apresentam favoráveis à harmonia pessoal.

Sucede que o progresso multiplica-se sempre por si mesmo. Quanto mais se avança em relação às conquistas morais, mais fáceis se tornam os futuros cometimentos da evolução, porquanto cada percurso emocional vencido faculta passos mais audaciosos que devem ser dados em relação a novas posturas.

Na fase anterior, quando a mente repete os clichês da sensualidade, dos impulsos primitivos, a ideação condensa *vibriões psíquicos* e *formas-pensamento* que nutrem o paciente com as energias enfermiças de que são portadores, ao mesmo tempo que são mais vitalizados pelo próprio, num círculo vicioso e afligente.

Quando se prolonga esse comportamento doentio, a desencarnação faz-se dolorosa e o despertamento espiritual ocorre na psicosfera perniciosa, transformando-se em terrível flagício, no qual o Espírito sofre a agressão dessas ideações perversas que o ameaçam de consumpção como se fossem seres reais autônomos, que se lhes transformam em demônios inomináveis.

Nunca será demasiado convidar-se a criatura humana à disciplina mental, ao saudável direcionamento das construções psíquicas salutares, porquanto, criador como é, o pensamento é fonte inesgotável de energias específicas que procedem do Espírito e para ele retornam.

É muito comum esse tipo de auto-obsessão, no qual se debatem incontáveis Espíritos, em ambos os planos da vida, sem dar-se conta da sua autoria infeliz no processo afligente.

As imagens exteriorizadas pela mente viciosa retornam vibrantes e contínuas, estabelecendo-se automaticamente um processo de contínua vitalização.

O mesmo ocorre em relação às ideações superiores, nas quais os sentimentos se renovam e crescem, ampliando as possibilidades de integração no Pensamento Cósmico.

Mediante, portanto, a educação dos pensamentos, substituindo-se sempre aqueles que são torpes e perturbadores pelos benéficos de todos conhecidos, arquivam-se nas camadas da subconsciência, a princípio, para logo transferir-se para o inconsciente profundo, de onde emergirão em expressões de alegria, saúde e paz...

A autoconsciência é patamar seguro e elevado, no qual o pensamento adquire o nível intuitivo, situando o Espírito em uma faixa vibratória que torna o indivíduo um ser interexistente, porque, embora mergulhado no corpo físico, participa da realidade espiritual de onde se originou.

A saúde mental e moral, portanto, é conquista que se deriva da aquisição da autoconsciência, da autoiluminação.

Ilustrando com a experiência pessoal de alguém que não se preocupou com a aquisição da autoconsciência, o benfeitor espiritual, após escrever a mensagem acima, trouxe à comunicação psicofônica o Espírito que assim se expressou:

A INVEJA

Boa noite!

Não sei como expressar-me corretamente.

Devo, porém, relatar a minha amarga experiência carnal.

Eu sou a inveja que se veste de desdita para arruinar-se e arruinar outras vidas.

Na mitologia grega, as Parcas ficavam no *Inferno* tecendo as malhas dos humanos destinos que eram transformados em desgraças.

Eu poderia, talvez, ser uma delas: a de número quatro.

Porque a minha vida foi um tecer infindável de misérias, todas elas decorrentes da inveja.

Mesquinha, era dominada por sentimentos perversos, desde a infância, como se carregasse um câncer – câncer moral que é a inveja –, corroendo-me sem cessar.

Atravessei quarenta e oito anos de romagem terrestre no calabouço da desdita mais horrível possível.

Assinalada por um complexo de inferioridade sem limite, via os outros como adversários meus.

Considerava o seu triunfo, em qualquer área, como concessão indevida da Divindade para com eles em detrimento de mim.

Em vez de lutar para realizar o que me era próprio, refugiava-me na crítica mordaz, nas acusações incessantes, na descoberta das imperfeições e defeitos dos outros, para justificar a minha indiferença ante o esforço que deveria empreender para sair do infeliz conflito da inveja.

A inveja destruiu-me, levou-me a alucinações variadas, tornou-me uma pessoa detestada e detestável.

Por mais que procurasse justificar-me a todos, aqueles que faziam parte da minha família e do meu círculo social sabiam da minha inferioridade e, após me concederem mil oportunidades, cerraram-me as portas da sua afeição.

Amargurada, fugi para dentro da minha paixão criminosa, até que a desidratação, em recusando-me à alimentação correta que o organismo não aceitava, trouxe-me, pela morte, de volta para a vida...

Tenho vagado, demoradamente, numa região gelada que deve ser o reflexo do enregelamento das minhas emoções em relação aos outros.

Depois de longo período que eu não posso precisar, recorri à oração, sem entusiasmo, pois que sempre me considerei abandonada por Deus.

E, lentamente, comecei a sentir a necessidade de paz, de renovação interior.

Vivia assaltada por formas horrendas de seres que me vilipendiavam os sentimentos, levando-me, em certos momentos, à loucura, e a oração desviou-me dessas ocorrências nefastas, dando-me um pouco de equilíbrio e resistência para vencer-me.

Fui, então, arrancada do hórrido lugar em que permanecia e devo voltar à Terra para tudo recomeçar...

Trouxeram-me aqui para que eu narrasse a experiência do meu fracasso graças à inveja que me aniquilou praticamente a existência.

Clementina Augusta da Silva

(Página psicofônica recebida pelo médium Divaldo Pereira Franco, na noite de 12 de outubro de 2005, na reunião mediúnica do Centro Espírita Caminho da Redenção, em Salvador, Bahia.)

4

Viagem equivocada

A experiência carnal, para incontáveis Espíritos, não passa de uma viagem comum, com destino ao prazer e ao gozo, sem maiores consequências.

Muitos pensam que, não praticando o mal, estão realizando um grande mister, sendo melhores do que outros, aqueles que se comprazem nas construções do mal, tornando-se amaldiçoados pelas suas vítimas.

Naturalmente que, deixar de ser cruel, não prejudicando, conscientemente, o seu próximo, constitui um passo dignificante, mas não o ideal, porquanto, a falta da ação benéfica dá lugar ao desenvolvimento do mal, que toma todo o espaço disponível.

Creem, dessa forma, que a vida é destituída de um significado mais grave e de alta responsabilidade, porque se consuma na morte, quando a aparente destruição dos tecidos encerraria o capítulo existencial.

É comum adotar-se essa conduta, não obstante, mantendo-se vinculação religiosa com tal ou qual doutrina espiritualista, que informa sobre a continuidade da vida, em campos de energia, através de *matéria sutil*, para usarmos a denominação de alguns físicos quânticos da atualidade.

Ao invés de se permitirem observações e reflexões em torno do conteúdo da fé religiosa, aceitam-na, mais como expressão de conduta social do que importante contributo para a imortalidade que a todos aguarda e em cujo oceano se encontram, quer no corpo, quer fora dele.

Realizam as conquistas do conhecimento, objetivando sempre a aquisição do prazer, da comodidade, das realizações gratificantes do corpo e da sensação, com algumas alegrias emocionais. E isto parece bastar-lhes, não ocorrendo, ou mesmo não se interessando pelos significados essenciais da vida.

Quando tudo lhes parece bem, a prosperidade conduzindo o carro da existência, o triunfo pessoal nas atividades elegidas, a juventude orgânica em pleno esplendor, a vida apresenta-se como esperam, com caráter existencialista, benéfico.

Em face, porém, de ser o mundo um permanente campo de transformações, de mutações, de mudanças, embora as conquistas materiais, surgem inesperadamente os conflitos emocionais, as ansiedades do sentimento, o vazio interior, quando não, as frustrações, as enfermidades orgânicas, os insucessos de qualquer natureza, produzindo impactos de grande porte.

Nesse momento, a falta de uma convicção real de natureza espiritualista agrava a situação, empurrando para o desespero, para o cepticismo, ou impulsiona para a busca dos milagres de ocasião, nos quais tudo se transforma a toque de mágica, em benefício de quem se acredita merecedor de todas as benesses, embora nunca haja feito nada em favor de outrem, do grupo social, da Humanidade a que pertence.

Certamente, sempre se diz que não praticou o mal, como mantra de justificação, sem dúvida, também nunca produziu em favor do bem, o que deixa de oferecer méritos à existência utilitarista, egoísta.

Lenta e inexoravelmente, a morte aproxima-se, isto quando não interrompe a viagem do gozo em pleno apogeu, convidando a meditações tardias.

O despertar da consciência dá-se então de maneira irretocável, segura, inevitável, e logo surgem os processos angustiantes do remorso ou da rebeldia, de acordo com o caráter e o temperamento de cada qual.

Em tudo, porém, vibra a presença de Deus no Universo e da vida em triunfo, não detectando, somente aquele que prefere a cegueira pessoal...

Um pouco de meditação basta para convidar o ser humano à avaliação da Causalidade do Cosmo.

Há tanta beleza a ser vivenciada, tanta cor e som de encantamento, aguardando para ser captados, que infeliz é todo aquele que se nega a participar da orquestração viva da Natureza.

O mineral, aparentemente inerte, é portador de uma *consciência* embrionária, que o mantém; o vegetal, obedecendo às leis de desenvolvimento do fenômeno vital, exterioriza uma *protoconsciência* e entoa hinos à beleza; o animal expressa a ampliação da percepção de uma *consciência* mais aguçada, avançando esse *princípio inteligente* até alcançar a razão no ser humano com infinitas possibilidades de entendimento das finalidades estabelecidas para o ser.

É, no entanto, o orgulho, esse ceifador de esperanças, que se encarrega de produzir a soberba e a nefasta presunção no indivíduo que pensa, gerando narcisismos doentios, que terminam por infelicitar aqueles que lhes tombam nas intrincadas malhas.

Porque a vida não os desafiou desde o princípio mediante o sofrimento, a carência, a dificuldade, que poderiam servir de ponto de partida para muitas interrogações em torno do existir e das razões desencadeadoras dos problemas afligentes, deixam de lado as questões profundas em torno do Espírito, navegando na direção dos interesses imediatistas e enganosos.

Quando se lhes aborda a respeito da imortalidade, normalmente se apresentam superiores a tal crença, adornando-se de capacidade elevada de discernimento que os torna semideuses, num Olimpo de mentira.

Mas a inexorabilidade do sofrimento, que os acompanha em forma de enfermidades, de insucessos morais e emocionais, da velhice, alcança-lhes a prosápia, que não se curva ainda no corpo, quando poderiam aproveitar o ensejo para recomeçar atividades valiosas de iluminação, de compaixão, de crescimento interior.

Por mais que se pretenda estabelecer legitimidade ao fenômeno orgânico, que serve de indumentária transitória ao Espírito no seu processo de evolução, o tempo linear sempre se encarrega de diluí-lo, porquanto, a causalidade da vida, no que se denomina matéria, permanece nos campos sutis do Universo, estabelecidos pela Inteligência Divina que tudo criou, coordena e mantém.

Todo fenômeno é fruto de uma causa, portanto, cessa quando essa se interrompe de alguma forma, seja pela ausência de força, de energia, ou por causa de mudança na sua estrutura real.

É o que acontece com o corpo. Sendo o Espírito o seu gerador, dessa forma, o mantenedor da sua conjuntura, esta interrompe o seu ciclo vital, quando ele modifica a emissão das ondas vibratórias, em face do processo evolutivo, que não cessa.

Cada existência física é constituída por um *quantum* de energia vital para a finalidade de crescimento espiritual.

Conforme seja utilizada essa força preservadora da forma, amplia-se-lhe o prazo de desgaste ou abrevia-se-lhe, especialmente como decorrência das vibrações mentais transformadas em conduta moral.

Assim, aquilo que se pensa transforma-se em ação e esta responde pelas estruturas orgânicas.

Por mais longa, entretanto, apresente-se a existência terrena, momento chega em que se interrompe, a fim de dar lugar a nova experiência no processo em que se encontra situada.

O carro orgânico, desse modo, deve ser conduzido com sabedoria pela mente, voltada para as finalidades altruísticas da existência, nada obstante se encontrem arrolados também os objetivos da alegria, do bem-estar, do prazer. São estes últimos, as bênçãos que se apresentam como recursos de compensação e de estimulação, nunca, porém, como a finalidade existencial.

A viagem pelas vias da reencarnação objetiva a conquista da paz e da plenitude, facultando ao Espírito ascender moralmente, tornando-se cooperador de Deus em relação à vida e a tudo que se lhe relaciona.

Desejando melhor documentar a realidade da informação escrita, o nobre amigo espiritual convidou um Espírito que se preparava para a reencarnação, a fim de que relatasse o seu fracasso, como segue:

Evocações do fracasso

Sou um espectro que, após deambular pela planície do sofrimento, estaciona em lugar de refazimento, a fim de reunir forças novas, concatenar ideias em relação às aspirações que foram destroçadas.

Sou como Prometeu, o infeliz a quem Zeus condenou ao holocausto numa das montanhas do Cáucaso, que tinha o fígado devorado por um abutre durante o dia, e que, à noite, refazia-se para depois recomeçar o suplício que jamais terminava.

Prometeu houvera roubado o fogo para oferecê-lo aos homens que viviam na escuridão.

Um gesto nobre que desencadeou uma punição impiedosa.

Pior do que ele, eu roubei a existência carnal, tomando-a do patrimônio da vida para deleite exclusivo da minha alucinação.

Fiz do corpo uma gôndola adornada de fantasias, navegando nas águas de uma Veneza de perdição.

Impus-me a ideia de que nascera privilegiado por um berço de ouro, numa família de destaque na sociedade, portador de inteligência brilhante e de sagacidade incomum.

Passeei a minha estupidez pelos recantos da luxúria e da ostentação como se a vida fora um convescote de sonhos, de falsos sorrisos e de embriaguez dos sentidos. Os excessos faziam parte do meu cotidiano.

Não seriam, reflexiono agora, uma fuga na busca de uma realidade que me negava a encontrar?

O que é certo é que a morte foi-me também generosa, dando-me inúmeras chances para respeitar a vida, antes de vir ter comigo.

O inexorável desagregar do corpo, porém, conduziu-me a uma avançada idade, facultando-me despertar da morte orgânica, quando esta ocorreu, alucinando-me em face do desespero de que fui acometido.

Não pode haver vida depois da morte – era sempre a minha justificação para dilapidar as energias do organismo e usufruir o prazer até o total aniquilamento.

Negava-me, filosoficamente, a acreditar na imortalidade da alma, justificando a escassez de documentação probante dessa realidade. Não obstante, aceitava a existência carnal somente, finando-se na sepultura, sem que houvesse confirmação do seu aniquilamento.

Apesar de tudo, chegou o meu momento final no corpo, à semelhança da lagarta que abandona o casulo para tornar-se falena colorida planando no ar, com a diferença de que dele não me consegui libertar, permanecendo-lhe atado por invisíveis fios que me aprisionavam.

Lúcido, acompanhei-lhe a decomposição, célula a célula.

Senti, na carne da alma, o banquete dos vermes vorazes e a transformação dos órgãos em fluidos fétidos e pestilentos.

Asfixiei-me, por longo tempo, sob a pressão da terra, sem perder o raciocínio, e quando dali saí não foi pelo meu querer, mas porque fui arrastado por hordas selvagens que me conduziram a presídio lúgubre, em furnas escuras e apavorantes.

Na minha mente não luzia uma esperança.

Blasfemavam contra mim, o meu fastígio, a vida inútil que tivera, acicatavam-me com tenazes, enquanto gargalhavam estentóricos, exprobravam-me com doestos perversos, dizendo: – *Goza, miserável, desfruta do corpo que te serviu de baluarte mentiroso e de segurança falsa.*

Seria aquilo o Inferno? – perguntava-me atônito. Se o era, Dante não o retratara com essa ferocidade, fora mais benigno ao descrevê-lo em sua Divina Comédia.

Não tenho ideia do tempo em que transcorreu o infausto acontecimento. São-me escassos os recursos para calcular as dimensões entre o momento da parada cardíaca e o da saída daquele hórrido cárcere, quando, exaurido nas forças e resistências, arrependendo-me da insensatez e leviandade que me permitira, com a alma dilacerada, fui amparado por uma caravana de seres angélicos que visitou o lúgubre desterro...

Fui recolhido com misericórdia, assim como outros encarcerados, e levado a uma área de refazimento. Tempos depois, fui transferido para um hospital, onde venho recebendo tratamentos, o da compaixão e o socorro do conhecimento, a fim de poder retornar em nova embarcação carnal, que não será mais a gôndola adornada de festa, e sim uma jangada frágil que flutuará sobre ondas convulsionadas até o futuro encontro com o ancoradouro de segurança, após o despedaçar, nas praias do sofrimento, facultando-me um novo despertar na Imortalidade de onde saio para ter amenizadas as aflições.

Orai por mim e por todos aqueles que optam pela fascinação do engodo material.

O inexorável suceder das horas a todos colhe com o seu beijo de realidade.

Quando orardes, lembrai-vos de nós, os gondoleiros da perdição.

Muito obrigado.

Marcel Augusto Vasconcellos

(Páginas recebidas pelo médium Divaldo P. Franco, na reunião mediúnica da noite de 15 de outubro de 2005, no Centro Espírita Caminho da Redenção, em Salvador, Bahia.)

5

MUNDOS E CÁRCERES

Sem qualquer margem a dúvidas, a vida é patrimônio universal distribuída por Deus em múltiplas expressões, que se tornam incontáveis.

Examinando-se a incomensurável multiplicidade de astros que *bailam* no turbilhão das galáxias, uns que se iniciam, outros que se extinguem, absorvidos pelos *buracos negros*, não há como acreditar-se que a vida neles não se apresente.

Partindo-se do princípio da *Grande Explosão* que teria dado origem ao Universo, os elementos que se encontram em todos os arquipélagos siderais possuem os mesmos conteúdos, embora sob expressões diferentes, em manifestações mais simples ou mais complexas...

Esse incessante surgir e desaparecer de astros, demonstrando as inabordáveis consequências da origem de tudo, demonstra a grandiosidade da Criação, cujo indeterminado início perde-se em mais de 15 bilhões de anos, avançando no rumo da eternidade do futuro. Entretanto, surge a interrogação a respeito do antes. Será este o definitivo ou existiram outros? Haverá um limite, que o caracterize como relativo, ante a possibilidade de outro, que transcenda o tempo e o espaço?

Muitas e incessantes questões apresentam-se algo perturbadoras, diante da realidade do Cosmo que deslumbra e desafia a inteligência e a imaginação dos seres humanos em nossa infinita pequenez diante da Majestade Divina.

Torna-se, desse modo, inevitável a interrogação a respeito de apenas a Terra haver sido aquinhoada com a manifestação da vida inteligente, em detrimento dos bilhões de astros que gravitam nas incomparáveis constelações.

Decerto, as conquistas da Ciência e da tecnologia contemporâneas, especialmente no que diz respeito à astrofísica, negando a presença de vida em nosso sistema solar, exceto na Terra, não implica necessariamente se generalizar o conceito, em face do inconcebível número de sistemas que glorificam o Criador.

Não obstante os fatos demonstrativos sobre a imortalidade da alma e a comunicabilidade dos Espíritos, permanecem teimosos bolsões de negação, afirmando que todos eles são fenômenos cerebrais decorrentes do seu quimismo, das suas ainda desconhecidas funções.

Inegavelmente, a vida manifesta-se com variações surpreendentes nos reinos da Natureza terrestre, mediante processos de desdobramento, de mutações, de adaptações que se podem observar do mineral para o vegetal, desse para o animal, para o humano, que, não poucas vezes, torna-se difícil definir-se em que fase do processo se encontra determinada transição.

O princípio, porém, que rege essas alterações, é invisível e responsável pela ocorrência, plasmando formas sempre mais complexas até o momento em que desabrocham a consciência, a razão, a inteligência, a intuição antes adormecidas no cerne das fases iniciais.

Da mesma forma, houve tal ocorrência e está sucedendo nos diferentes mundos próximos à Terra, assim como nos mais remotos...

– *Há muitas moradas na Casa de meu Pai* – afirmou Jesus, e a Doutrina Espírita, bem como inúmeros investigadores das estrelas o confirmam com exuberância de dados e cálculos de probabilidade.

Para nós, os Espíritos desencarnados, que visitamos algumas dessas *moradas*, razão alguma existe para a presença da mais remota dúvida. E acrescentamos que, além desses mundos físicos, gloriosos, existem os vibratórios, resultado dos pensamentos dos seus habitantes, que constituem regiões intermediárias, nas quais a vida pulsa fora dos vínculos corporais, exigindo apenas a realidade de que se constituem esses habitantes em trânsito durante o processo da evolução.

Como o processo de crescimento espiritual exige hábitat específico, mundos há de dores acerbas e indescritíveis, no seu primitivismo, outros intermediários, e mais outros ainda, de natureza superior, em progressão ascensional.

Vive-se, na Terra, por exemplo, o momento culminante de sua transição, como planeta de provas e de expiações que tem sido, quando esta nave-mãe dos humanos tornar-se-á mundo regenerador, embora presente ainda o sofrimento que não alcançará os paroxismos que aturdem a atual Humanidade...

Considerando esses mundos onde predominam as angústias e as glórias, convém, igualmente, aprofundar-se a sonda investigadora no mundo íntimo dos Espíritos que habitam o planeta terrestre.

Esse mundo interior de cada ser humano tem o seu epicentro na mente que pensa, expressando o nível de evolução do Espírito que emite as ondas concêntricas que são mantidas pela ideia, construindo as moradas nas quais se localiza enquanto na vilegiatura carnal.

De acordo com a constituição vibratória da onda exteriorizada, as emissões ampliam-se ou estreitam-se, liberando ou encarcerando o seu agente pensante.

Assim sendo, o Espírito pode superar a indumentária densa e planar em outras Esferas espirituais, adquirindo resistência e iluminação para a felicidade. Invariavelmente, nos estados oníricos, muitas ocorrências transcendem o inconsciente do indivíduo para expressar-se vivas em momentosos desdobramentos da personalidade, quando se vivencia *in loco* tudo que acontece, inclusive tomando parte ativa.

Encontros espirituais felizes ou perturbadores facultam a convivência, que se apresentarão como revelações, notícias, convivências ditosas ou desagradáveis, de acordo com a faixa em que cada qual se situa moralmente.

Dessa maneira, em razão da densidade das paixões servis, dos atavismos lamentáveis que predominam no ser humano, as suas emissões mentais encarceram-nos em prisões sem paredes mais cruéis do que aquelas que bloqueiam os movimentos dos delinquentes quando condenados às penas reparadoras.

Esses últimos têm restringidas as comunicações, diminuídos os espaços para se locomoverem, mas podem aspirar pela liberdade mediante o trabalho de recuperação moral, pelo arrependimento lúcido e produtivo, graças às legislações humanas, que os libertam quando concluídos os períodos de prisão.

Já o encarcerado no vício, pode mover-se de um para outro lugar, sempre, porém, levando as algemas que o prendem à infame dependência de que não se consegue libertar.

Cada vez que irradia os desejos mórbidos, mais densas fazem-se as *construções* que o encarceram, asfixiando-o e, não poucas vezes, enlouquecendo-o.

O condenado comum pode volver ao convívio social e produzir para o bem de si mesmo e do seu próximo, enquanto o encarcerado moral, obrigado a conviver apenas com ele mesmo, estertora até quando o fenômeno da morte biológica lhe rompe as amarras.

Nem sempre aí termina o seu calvário, por ele próprio elaborado, sendo recambiado à reencarnação em deplorável estado de recuperação inadiável...

Enquanto fulgem argênteos ao olhar humano, os astros no zimbório e as galáxias se multiplicam na *geleia cósmica*, pode-se sonhar com a beleza, o amor e a felicidade. No entanto, é necessário que, à volta, entre os transeuntes carnais, dirijam-se luzes e energias capazes de romper esses cárceres sem paredes, despertando os seus prisioneiros para que alterem a frequência da onda mental e se descubram como Espíritos que têm o direito à liberdade e à felicidade, desde que o desejem com empenho e o realizem com abnegação.

Logo após haver escrito a página acima, o benfeitor espiritual trouxe à comunicação psicofônica, uma Entidade que narrou a sua dolorosa experiência, encarcerado nesse tipo de prisão sem paredes, conforme segue:

A HISTÓRIA DE NARCISO

Eu posso ser considerado como o próprio Narciso. Tenho, entretanto, aspecto diferente.

Enquanto o vulto mitológico apaixonou-se por si mesmo e feneceu às margens do lago em que se contemplava, eu possuo a alma de Dorian Gray, a personagem que compactuou com o Diabo, entregando-lhe a alma sob a condição de não envelhecer.

Manteve-se um *gentleman* por fora, enquanto decompunha-se-lhe a alma, assinalada pela desgraça de si mesma.

Ninguém me conhece.

Nem eu próprio me conheço.

Adotei de cedo o comportamento *double-face*: a aparência gentil e a realidade cínica.

Projetei a imagem do que gostaria de ser, embora me detestando.

Mantive oculta a realidade do que era.

Por consequência, a ninguém amei, porque jamais me permiti amar-me a mim mesmo.

Conhecendo a escabrosidade do meu pensamento, não acreditei em ninguém.

A virtude, a honra, o dever, conforme alguns conceitos psicanalíticos, não passam de debilidade moral bem-disfarçada.

Era este o meu conceito também e, por conseguinte, permiti-me toda a vileza nos baixos níveis da sociedade, enquanto me mantive nos elevados padrões da mentira.

Ninguém o soube.

Mas eu sabia.

Não há desgraça maior do que o desrespeito que se tem por si mesmo.

Qual uma virose destrutiva, esse conceito denigre o indivíduo que passa a considerar semelhantes todos os demais.

A morte nunca fez parte da minha agenda de compromissos e chegou-me demasiadamente cedo, para minha terrível surpresa. Numa simples parada cardíaca aos 48 anos.

Ora bem!

Por quê?

Desperdício de forças, desgaste de energia, cárcere privado de uma mente pervertida, solidão, ansiedade... No fim, medo de ser desmascarado por mim mesmo.

Não que isso me significasse muito, porque não considerava ninguém melhor do que eu, mas, porque rasgava o desenho que projetei de mim durante toda a vida.

Não construí família.

Detestei filhos que via nos outros.

Considerava uma decadência burguesa a chamada família tradicional.

Por isso mesmo me mantive solteiro e devasso.

Brilhante e sedutor em vários aspectos.

Convivi com o meu pensamento devastador.

Para minha surpresa, aqui, onde me encontro, sou chamado suicida, porque derruí as construções da energia que me havia sido concedida para uma existência mais larga.

Deveria redimir-me de crimes contra a sociedade e, ao invés de fazê-lo, enclausurei-me no narcisismo de Dorian Gray.

Vejo-me em decomposição.

De fora para dentro.

A do cadáver parece-me menor do que a interior.

Nessa terrível noite em que me movimento, com o céu escuro, sempre descubro que o meu ponto de chegada está mais além...

Aqui estou, no entanto.

Alguém me trouxe e me disse que relatasse a minha experiência como primeiro ato de regeneração.

É claro que o faço sem qualquer emoção, como que lendo um livro de uma história que aconteceu, da qual não participei.

Sou abjeto e detesto-me.

Sou um prisioneiro em minha solidão.

Parece que irei adormecer para esquecer [*]

Para esquecer...

Neste hospital de almas, deixo a minha narração com a expectativa de que possa ser útil a alguém, em algum lugar, qualquer dia, ou a mim mesmo, talvez, quem sabe?!

Desencarcero-me, mas ainda não saio da prisão que construí.

Tende piedade dos desgraçados como eu, e de mim, se vos lembrardes quando fordes falar com o Criador.

Narciso

(Páginas recebidas pelo médium Divaldo Pereira Franco, em 2 de novembro de 2005, na reunião mediúnica do Centro Espírita Caminho da Redenção, em Salvador, Bahia.)

[*] O Espírito estará sendo recambiado à reencarnação (nota do Espírito Manoel Philomeno de Miranda).

6

A CURA DAS OBSESSÕES

Na terapia desobsessiva, o fator pressa não encontra respaldo para a sua aceitação.
O labor transcorre dentro de um clima sereno, atemporal, dependente de variadas circunstâncias e ocorrências que dependem, sobretudo, daquele que experimenta o impositivo do transtorno espiritual.

À semelhança do que ocorre nos episódios de desequilíbrios psicológicos e psiquiátricos, que exigem cuidadosa formulação terapêutica e prolongada assistência especializada, no que tange aos distúrbios de natureza espiritual, fazem-se indispensáveis, da mesma forma, idênticos procedimentos, em qualidade e temporalidade.

Não poucas vezes, o Espírito perseguidor, retido no tempo em que foi vilipendiado, quando estabeleceu o programa do desforço através da vingança odienta, corretamente orientado, desperta para a sua realidade e opta pela mudança de conduta, entendendo que a sua felicidade não se encontra na cobrança do mal que sofreu, mas na grandeza do perdão que pode oferecer.

Com essa nova disposição abandona o comportamento enfermiço a que se entregava e procura regenerar-se, buscando, agora, recuperar o tempo malbaratado na insana perseguição, a pouco e pouco afeiçoando-se ao bem e deixando à própria sorte aquele que o infelicitou, cuidando de adquirir a própria paz, assim se integrando na ordem que vige no Universo.

É natural, desse modo, que o seu *hospedeiro*, aquele que lhe vem padecendo a influência perniciosa experimente a ausência da força constritora que o oprime e desorienta, vivenciando melhor condição emocional e mental.

Nada obstante, embora livre do cobrador, não está exonerado de realizar a própria reabilitação.

Em face da conduta odienta que se permitiu no passado, que deu lugar aos delitos graves, entre os quais a infelicidade daquele que agora o libera, continua em débito perante a Consciência Cósmica.

O alívio que experimenta não significa liquidação dos compromissos negativos, antes, uma trégua, a fim de que reúna forças e valor para prosseguimento na batalha de autoaprimoramento moral, indispensável à existência feliz.

O perdão da vítima que permanecia enlouquecida, de maneira alguma permite ao infrator o desfrutar da paz que não merece, porque não lhe faz jus.

Certamente, expungiu parte do que deverá reparar, no entanto, permanece em débito, tendo em vista o montante elevado em referência aos gravames praticados.

A sua reabilitação plena, que ocorreria mediante a expiação obsessiva, agora passa para o carreiro das naturais provações, que lhe testarão as resistências morais e os sentimentos, de forma a transformá-lo interiormente para melhor.

Esse processo objetiva ensejar o descobrimento das responsabilidades que dizem respeito a todos os seres humanos, à compreensão dos deveres que constituem a bíblica *escada de Jacó*, facultando a ascensão espiritual no rumo dos páramos celestiais.

Desse modo, permanecerão resíduos perturbadores nas suas paisagens psíquicas e emocionais, por largo tempo, resultantes do distúrbio produzido pelo conúbio com o antigo perseguidor, que ora se encontra em processo de renovação pessoal.

A transformação espiritual do agente em nada modifica a estrutura íntima do paciente, que se encontra comprometido com as Leis Soberanas da Vida, necessitando, portanto, realizar a própria reabilitação.

Ao mesmo tempo, a *consciência de culpa* não superada mantém-no preso nas malhas intrincadas dos reflexos emocionais em desequilíbrio.

Eis por que se lhe faz imprescindível o esforço pessoal pela transformação de conduta, pela renovação dos sentimentos, pelo aprimoramento da vontade e ação bem direcionada para o bem.

A cura das obsessões é delicado capítulo das terapêuticas emocionais, que exige cuidados contínuos e vigilância prolongada.

Encontrando-se em débito perante a consciência, o Espírito, agora sem a conexão perturbadora, permanece com as matrizes psíquicas receptivas às influências que ocorrem na faixa mental em que se encontra.

Esse fenômeno permite que outras Entidades, levianas ou perniciosas, sejam atraídas e passem a viver em conúbio com o devedor, mantendo diferente forma de obsessão com os mesmos impositivos cármicos.

Jesus costumava recomendar aos seus pacientes momentaneamente recuperados que tivessem cuidado, não se permitindo licenças morais desagradáveis, de modo a evitar que não lhes acontecessem sofrimentos piores.

A Lei de Causa e Efeito responde, dessa forma, pela ocorrência do prosseguimento dos problemas perturbadores, mesmo quando os agentes cobradores, mudando de atitude desistem da insana cobrança...

Ainda endividado, o paciente mediúnico prossegue em clima de reabilitação, necessitando de prover-se dos recursos iluminativos necessários à sua renovação pessoal e cura real.

As obsessões constituem recurso terapêutico para a recuperação dos agressores. É claro que a Divina Justiça não necessita que a vítima se transforme em algoz, repetindo o grave erro do antagonista que ora pensa em justiçar.

Os mecanismos da evolução dispõem de valiosos recursos para a superação dos equivocados, sem a necessidade de novos culpados.

Como a natureza animal em predomínio de paixões inferiores une o devedor ao cobrador, o processo faz-se terapêutico para ambos os litigantes que, oportunamente descobrem que só o amor possui o élan sublime para proporcionar a paz e a felicidade legítima.

Resguardem-se em reflexões cuidadosas e ações enobrecedoras, todos aqueles que, nas rudes refregas das obsessões, experimentem a libertação constritiva, procurando retribuir a situação aprazível com o seu esforço para a autoiluminação e a harmonia da sociedade.

O evangelista Mateus narra, no capítulo 13 do seu Evangelho, versículos 43 a 45: "Mas quando o Espírito imundo tiver saído de um homem, anda por lugares áridos, buscando repouso e não o acha. Então diz: voltarei para minha casa donde saí; e ao chegar, acha-a desocupada, varrida e ornada. Depois vai e leva consigo mais sete piores do que ele; ali entram e habitam, e o último estado daquele homem fica sendo pior do que o primeiro. Assim também acontecerá a esta geração perversa".

O precioso e oportuno ensinamento refere-se, sem qualquer dúvida, à cura de obsessão, quando o adversário abandona o seu antagonista. Caso não haja nele um arrependimento real, ei-lo de volta, agora, porém, acompanhado de outros Espíritos insensatos e ociosos que passam a locupletar-se do psiquismo do encarnado, através da turbação da sua usina mental e da sua conduta moral.

Considerando-se, no entanto, que houve uma transformação de sentimentos do perseguidor, que deseja crescer e abandona a causa inglória a que se dedicava, ao *hospedeiro* cabe enriquecer a sua *casa mental* com pensamentos elevados e ações meritórias, a fim de que, ao chegarem os perniciosos que pululam na Erraticidade, não encontrem espaço vazio para o prosseguimento da nefasta *habitação*.

O fato repete-se nesta *geração perversa*, que prefere ignorar a realidade espiritual, optando pelo prazer desgastante e absurdo da sensualidade, do crime, das paixões inferiores...

O ser humano está destinado à glória espiritual, devendo investir todos os recursos por alcançá-la.

Os atavismos resultantes das experiências primárias, portanto, mais vigorosas, que deixaram sulcos profundos no cerne do Espírito, devem ser diluídos mediante novas realizações, hábitos saudáveis que se imprimirão para o futuro, transformando-se em asas simbólicas para alçar voo no rumo da sua fatalidade grandiosa.

A obsessão, desse modo, em decorrência do atraso moral da grande maioria dos Espíritos humanos que habita a Terra, apresenta-se, no momento, em forma de pandemia assustadora, que está a exigir cuidados e estudos por parte das autoridades empenhadas na aquisição e orientação da saúde emocional e mental.

Graças às luzes do conhecimento espírita, felizmente, melhor se pode compreender-lhe as causas e os métodos hábeis para evitar a sua contínua morbífica propagação.

Dando prosseguimento ao labor de confirmar pelos fatos a proposta teórica, o benfeitor espiritual trouxe à comunicação psicofônica, uma Entidade que assim apresentou a sua narrativa:

O OBSESSO

Que a paz de Deus esteja com todos!

Creio que é assim que se deve dizer, quando em visita a uma sociedade cristã ou não.

Aqui compareço para prestar esclarecimentos a respeito do meu caso.

Sou um obsesso.

Depois de vagar por consultórios médicos diversos e de psiquiatras, que me aplicaram o eletrochoque e outras substâncias químicas, muito perturbadoras, fui levado a uma Casa de Espiritismo, onde fui entrevistado demoradamente.

As dificuldades de manter-me quieto, atento, buscando entender o que se passava, foram muitas.

Por fim, recebi o diagnóstico de que era um obsesso. Submetido aos tratamentos carinhosos da caridade, comecei a experimentar sintomas de melhora no meu quadro geral. Mas o meu temperamento rebelde e os meus conceitos religiosos que não queriam ajustar-se às diretrizes que me eram oferecidas, criaram-me muitos embaraços, a fim de que me libertasse totalmente do flagelo que me atormentava.

Os anos que se passaram com esse parasita espiritual, cuja mente estava encravada na minha, como se fosse uma planta daninha sugando-me a seiva que me sustentava, terminaram por depauperar o meu organismo que ficou sem resistência e as minhas emoções que se perturbaram.

As lições que eram ministradas na instituição e que eu não soube ou não quis absorver terminaram por convencer o meu perseguidor, que foi conduzido às doutrinações especiais nas reuniões de desobsessão, mesmo que sem a minha presença.

Depois de esclarecido, ele se resolveu por cuidar da própria vida, deixando-me por conta de mim próprio...

Ao invés, porém, de melhorar-me, considerando-se que fiquei muito feliz por estar livre daquela ação perniciosa que tanto me afligia, prossegui com as minhas atitudes e o meu temperamento sem mudança significativa.

Advertido pelos orientadores da Casa de Espiritismo, prossegui sem alteração, e como era natural, tornei-me vítima de outros Espíritos ociosos que continuaram na exploração das minhas energias até que o processo de tuberculose pulmonar se me instalou no organismo e eu faleci, numa noite horrorosa, para despertar diante deles, terríveis vampiros espirituais.

Não fosse a Compaixão de Deus e eu teria ficado disputando o cadáver com eles.

As preces daqueles que me amavam e se compadeceram de mim, o arrependimento sincero, o desejo de acertar libertaram-me da situação horrenda.

Agora estou amparado, em tratamento cuidadoso, a fim de recuperar-me totalmente e um dia, não muito distante, recomeçar a minha experiência de iluminação.

Ninguém se engane! O obsessor pode mudar de opinião e partir para cuidar de si mesmo. Isso, porém, não implica a cura do obsesso. Ele terá que realizar o seu trabalho de aprimoramento moral, a fim de conseguir a cura verdadeira.

Que a paz de Deus fique com todos!

Sebastião Arruda

(Páginas recebidas pelo médium Divaldo Pereira Franco, na reunião da noite de 21 de novembro de 2005, no Centro Espírita Caminho da Redenção, em Salvador, Bahia.)

7

ARMADILHAS PERIGOSAS

As organizações do mal, na Erraticidade, constituídas por Espíritos que se autodenominam *inimigos do Cordeiro,* referindo-se, ironicamente, a Jesus, perseveram em seus programas insanos de perseguição às criaturas humanas, por nímia Misericórdia do Pai Criador em relação aos seus membros e participantes.

Algumas, com existência multissecular, desde quando foram constituídas, têm interferido em calamitosos programas bélicos, instigando com habilidade incomum povos e nações inamistosos, a que deflagrem guerras cruentas, bem como indivíduos portadores de altas responsabilidades a comportamentos hediondos.

Acreditando-se imbatíveis, essas Entidades enfermas, periodicamente sofrem *baixas*, nos seus comandos, quando os seus chefes são recambiados ao corpo físico através das inexoráveis Leis da Vida, que os mergulham no denso envoltório material, a fim de fruírem da oportunidade saudável para a reflexão e o despertamento para a realidade. Invariavelmente, eles volvem ao proscênio terrestre em situações deploráveis, vivenciando expiações amargas e longas, encarcerados em invólucros orgânicos que lhes não permitem comunicação com o Mundo exterior, de forma que dispõem de todo o tempo para autoanalisar-se, reprogramar-se com vistas ao porvir libertador...

Substituindo-os, em assembleias tumultuadas, nas quais se apresentam verdadeiros déspotas e antigos sicários da Humanidade, assumem o poder, mediante expedientes vergonhosos de disputas e agressividade, nos quais vencem os que são mais fortes e perversos. Ato contínuo, propõem programas de crueldade incomum contra os seres humanos que invejam e detestam, especialmente os lídimos servidores das diferentes escolas de fé religiosa, humanistas, missionários da Ciência e da arte, pacificadores e apóstolos do bem, que se afadigam pela felicidade das criaturas, consideradas inimigas que devem ser dizimadas, sem qualquer comiseração, a fim de não os atrapalhar na execução dos planos terríveis que elaboram.

Arrebanhando, de imediato, para as suas hostes selvagens, desencarnados em aturdimento uns, portadores outros de rancores e ódios da comunidade de onde vieram, formam verdadeiras legiões de odientos combatentes do mal, em desenfreada batalha contra os indivíduos que mourejam na Terra, parecendo não ter fim.

No passado histórico, estiveram influenciando as grandes tragédias que abalaram a sociedade, fazendo sucumbir aos seus golpes a ética, o direito, a dignidade humana.

Participaram do cerco à dubiedade moral de Judas, ao sumo sacerdote do Sinédrio e aos seus corifeus, ao pusilânime Pilatos, bem como à massa ignara que acorrera ao Pretório, para o julgamento do Inocente, insuflando violência e perversidade, ao tempo que instigavam à sede do sangue do Justo...

Antes, Jesus os enfrentou com a autoridade moral que os estarreceu, tornando-os ainda mais odientos, por não terem conseguido afligir o seu Senhor, que buscaram ignorar, cerrando fileiras com os Seus inimigos humanos, aumentando-lhes o ressentimento e o horror, que culminaram na condenação arbitrária, na Cruz, mas, sem dúvida, na Ressurreição gloriosa, que não esperavam sucedesse, embora vivendo no Mundo espiritual...

Desempenharam papel importante em todos os processos vis da História, particularmente nas espúrias Cruzadas, interessadas em poder e fortuna, muito distantes da libertação do túmulo vazio de Jesus, assim como no estabelecimento do Tribunal do Santo Ofício, gerado pela dantesca Inquisição, não deixando de interferir na execução de centenas de milhares de mártires do Cristianismo primitivo, durante os lamentáveis impérios de Nero até Diocleciano.

Posteriormente, fizeram-se presentes nas perseguições desencadeadas contra os missionários do bem, da Verdade, do Pensamento, das conquistas da inteligência e da moral, que dignificam a evolução da Humanidade, recém-saída da barbárie, em que ainda eles se encontram, conseguindo vitimar os seus vexilários, de forma covarde e vergonhosa, mas que deixaram pegadas de luz para serem seguidas pelos que viriam depois, conforme vem acontecendo.

Considerando a periculosidade dessas comunidades inditosas do Além-túmulo, Jesus recomendou aos seus discípulos de todos os tempos, que vigiassem orando, a fim de não lhes tombar nas armadilhas perigosas, nas suas insinuações infelizes.

Nutrindo-se das emanações psíquicas acumuladas nas regiões inferiores onde habitam e das criaturas que lhes caem nas malhas bem trabalhadas da infâmia, atrevem-se a desafiar, na sua insanidade, o Mestre Jesus e o próprio Criador...

Não permanecerão, no entanto, eternamente, nos seus propósitos inferiores, por mais se exijam na continuação do comércio de exploração humana...

Momento chegará, e não muito tardio, em que o Senhor chamará a todos do Seu rebanho, ao qual eles também pertencem, dissolvendo as suas comunidades inditosas, e ensejando-lhes o recomeço, a renovação, a busca da felicidade, conforme as necessidades de cada qual.

Por enquanto, permanecerão no orbe terrestre, em face da inferioridade moral que ainda se demora na Terra, bem como a dos seus habitantes em indispensáveis processos de depuração.

Interagindo com os encarnados, obsidiando os desencarnados aflitos, esse intercâmbio é-lhes frutuoso e de resultados positivos, em face da insensatez que predomina nas consciências infantis de muitos Espíritos desatentos ao dever e à ordem.

Presunçosos e hábeis, acreditam na vitória que buscam a todo custo, e, por essa razão, permanecem nas batalhas contínuas do desespero, do despudor, da crueldade em que se locupletam.

O espírita-cristão, mais do que outro discípulo do Evangelho de qualquer denominação, sabe da sua existência, tem conhecimento dos seus planos e armadilhas, das suas funestas manobras, dos seus métodos agressivos e mesquinhos, sendo convidado a manter maior vigilância e muita ponderação nos pensamentos, palavras e comportamentos.

Enfermidades repentinas, transtornos de conduta em forma de surtos desoladores, inquietações emocionais, inseguranças afetivas e muitos outros motivos de desgaste físico, emocional e mental, têm origem nessas organizações, que encaminham os seus sequazes contra aqueles que lhes inspiram antipatia, na expectativa de submetê-los.

Furibundos, agridem e destilam ódio, favorecem a cizânia, estimulam a calúnia, desenvolvem a maledicência, a traição, em grupos e em indivíduos, utilizando-se dos *doentes morais*, que lhes permitem identificação mental, por serem pessimistas, ciumentos, complexados, a fim de destruírem núcleos de trabalho superior, indivíduos que se encontram sob a sua alça de mira, prestes a serem fulminados pelos disparos certeiros da sua crueza.

Por outro lado, florescem e multiplicam-se as hostes do bem, em todas as épocas, que os conhecem, acompanham-nos, apiadam-se da sua insânia, buscando ajudá-los e inspirá-los, sem, no entanto, violarem o seu livre-arbítrio, a escolha que fizeram e na qual, por enquanto, comprazem-se.

Cabe a todo homem e toda mulher dedicados ao bem, ao Amor e à Caridade, ao labor de fomentar o progresso sob todas as formas possíveis, refugiar-se sob a proteção desses emissários da Luz e da Divina Misericórdia, entregando-se a Jesus com espírito de abnegação, trabalhando sem descanso pela paz, a justiça, o dever, no abençoado e formoso planeta terrestre, por onde avançam na busca do Altíssimo sob a intermediação de Jesus Cristo.

A seguir, comunicou-se um Espírito profundamente sofredor, que nos narrou o seu drama pessoal:

LOUCURA DA ILUSÃO

Senhoras e senhores:

Venho narrar o meu infortúnio.
Podem chamar-me a Desventurada.
Nasci em um lar modesto, abençoada pela beleza física e marcada pelo caráter venal.
Experimentei a miséria física, econômica, social e moral.
...Propus-me a alcançar os degraus do bem-estar de qualquer forma.
A vida não me foi madrasta, eu é quem foi ingrata.
Consegui, aos 18 anos, encantar um homem de 60, rico e generoso, que se fascinou com a minha beleza e, a pretexto de proteger-me, propôs-me o casamento, que aceitei sem nenhuma emoção.
Tratava-se da minha oportunidade de triunfar no mundo.
Assim aconteceu.
Foi o início de muitas loucuras, tramadas por adversários invisíveis, que eu ignorava.
Depois de passado um período de convivência frustrante para mim, e para ele de encantamento e de arroubos, comecei a fugir para a traição.
O desequilíbrio que tomou conta de minha vida, levou-me a frequentar um terrível lupanar, que ele naturalmente ignorava.
Ali conheci o homem que, à minha semelhança, iria destroçar as nossas vidas...

Apaixonando-se por mim, terminou descobrindo o outro lado da minha existência, a outra face que eu escondia...

E passou a ameaçar-me, a chantagear-me.

Não me desejando repartir com ninguém, propôs-me a eliminação daquele que era o meu benfeitor.

Falou-me do luxo, do prazer, das viagens, da ostentação que podíamos fruir, caso meu marido saísse de cena, depois que ele morresse e os seus bens ficassem para mim.

Ensandecida, compactuei com as suas ideias e, por ele dirigida, comecei a envenenar o homem bom que se entregara ao meu desvario.

O arsênico foi o veículo de que me utilizei, a pouco e pouco, até o fazer morrer de maneira dolorosa, sem diagnóstico seguro e sem marcas que me denunciassem.

Herdei-lhe a fortuna e a desgraça...

Passado um breve período, ele me apareceu em sonhos. Perseguia-me. Passei a fugir de mim mesma, procurando medicamentos que me apaziguassem a consciência.

Menos de um ano transcorrido após a tragédia, entreguei-me definitivamente ao sicário que me levara ao crime hediondo.

Em breve ele cansou-se de mim.

Era profissional, explorador, e vi-me na contingência de matá-lo também, o que fiz com uma habilidade felina, sem deixar sinais que me comprometessem.

Mas arruinei-me por dentro e, em breve, sucumbi.

A depressão atirou-me no abismo de que procurei fugir, lançando-me do alto de um edifício para estatelar-me no solo.

Mas, não morri...

Fui expulsa do corpo despedaçado, sem libertar-me dele, que me arrastou à sepultura, onde acompanhei a sua

decomposição, experimentando a invasão dos vermes e a degeneração dos tecidos.
Não há como descrever o que vivi.
Urrava como um animal, numa noite fria que não terminava nunca...
Foi nessa tenebrosa situação que os dois a quem eu houvera assassinado, agora unidos, apareceram-me e castigaram-me, arrastando-me para uma furna infeliz, onde me colocaram a serviço das baixezas mais vis que o pensamento humano pode elaborar.
Nesse transe infernal, apareceram-me também aqueles que me haviam inspirado o mal, que certamente já residia em mim, sem a crueza que adotei...
Somaram aos outros infelizes e perdi a noção de tempo e de sofrimento...
Mais tarde, dei-me conta, pelo tempo terrestre, haviam-se passado dezesseis anos, quando me recordei de minha mãezinha sofredora que eu também abandonara, e, naquele inferno que não tinha as famosas labaredas, mas podridão e desgraças outras, eu pude pedir a Deus misericórdia em pranto escaldante...
Minha mãezinha arrancou-me dali, não sei como, para recomeçar o processo de reparação.
Vim aqui, mais de uma vez, conduzida por nobre Entidade que socorre os desgraçados como eu, e que agora me sugere apresentar esses rápidos painéis da minha existência, em favor da reflexão das senhoras e dos senhores.
Não é importante que os crimes sejam descobertos ou não. O criminoso nunca o ignora e isso lhe é uma verdadeira e impiedosa punição.
A pior tragédia é elaborada pela consciência culpada.

Não consigo perdoar-me, agora que despertei.

Mas, se a minha desdita de alguma forma puder ajudar alguém a impedir-se de cometer equivalentes erros, isso me constituirá um fiapo de esperança, uma débil luz na treva em que me encontro, encorajando-me e dando-me força para seguir no rumo do futuro.

Eu agradeço o tempo que me foi concedido e peço a Deus que tenha misericórdia de mim e de todos aqueles que, como eu, são desventurados.

Jovelina Bittencourt

(Página psicografada pelo médium Divaldo Pereira Franco, na sessão mediúnica do Centro Espírita Caminho da Redenção, na noite de 26 de dezembro de 2005, em Salvador, Bahia.)

8

O DESPERTAR PARA A REALIDADE

A experiência carnal, permitindo ao Espírito a imersão nos fluidos pesados da organização fisiológica, turba-lhe o discernimento enquanto o encharca de vigorosas energias exteriorizadas pelos instintos ancestrais que lhe predominam em o âmago da sua constituição.

Necessário ao processo da evolução, o impositivo reencarnatório constitui desafio de graves consequências, em razão das imperiosas fixações que lhe remanescem, mesmo quando passado o período de aprendizagem iluminativa.

Em razão do estágio evolutivo em que se encontra, quando envolto pela indumentária carnal, o Espírito volve a experimentar os impulsos primários que o aturdem, propiciando-lhe o reviver de sensações que pareciam superadas.

Em virtude de encontrar-se-lhe vinculados, não raro se deixa arrastar pelos seus fortes desejos e imposições, entregando-se aos apetites inferiores em detrimento dos propósitos de elevação moral.

A sensualidade e os gozos deles derivados vinculam-se ao egoísmo, conturbando a consciência que se nubla ante as incessantes descargas de energias deletérias que se espraiam dos campos mentais onde são elaboradas as ideias, cristalizando-se em formas-pensamento grosseiras, que passam a constituir *necessidades* de atendimento frenético e quase sempre funesto, nas suas consequências.

O perispírito, como efeito dessas torpes ideações, impregna-se de energia tóxica de baixo teor vibratório que, após a desencarnação, permanecem estimulando os anseios de prazer, que já não podem ser atendidos conforme acontecia antes...

Esse trânsito doentio pelos tormentosos descaminhos morais desorganiza os painéis delicados dos arquipélagos neuroniais, dando lugar a distúrbios de conduta de vária ordem, dificilmente corrigidos pelos procedimentos médicos, em face da sua causalidade radicar-se na conduta mental e moral do paciente.

O despertar, portanto, para a realidade, no Além-túmulo, é ocorrência lenta e dorida, nessas consciências obnubiladas, que se deverão deter em reflexões elevadas a que não estão acostumadas, experienciando construções mentais libertadoras, de forma que se destrincem os vigorosos e complexos feixes de vibrações prejudiciais.

Atitudes que se prolongam durante a permanência na organização física, de tal forma se fixam nos delicados equipamentos do perispírito, que exigem, não raro, tempo quase equivalente, na área da renovação interior, a fim de que sejam diluídas e ultrapassadas.

A fim de que ocorra a libertação desses condicionamentos inferiores perversos, o Espírito encharcado pelos fluidos carnais e os correspondentes vícios morais que lhe predominam interiormente, não fosse o seguro auxílio da Misericórdia Divina, a expressar-se mediante a ajuda fraternal dos benfeitores espirituais, e lhe seria muito difícil a conquista do equilíbrio.

Isto, porque a impregnação perispiritual resultante dessas forças deletérias, transfere-se, inevitavelmente, ao ser profundo, que se lhe submete, quase indefeso, estorcegando-se nas constrições dos hábitos insanos. Entretanto, a Divina Misericórdia proporciona-lhe, através dos fenômenos mediúnicos de esclarecimento, conforme acontece nas Células do Espiritismo cristão, durante os labores psicofônicos e psicográficos, facultando-lhe a volta, embora momentaneamente, às densas emanações da matéria, exteriorizadas pelos cooperadores encarnados.

No passado, quando não existiam esses serviços de caridade espiritual, os fenômenos ocorriam, apesar do seu desconhecimento e dos recursos terapêuticos da doutrinação espiritual de elevada significação em favor da harmonia dos desencarnados.

Mesmo hoje, embora a multiplicação de Núcleos espiritistas dedicados ao ministério da iluminação de consciências obliteradas pela ignorância, continuam as ocorrências espontâneas onde ainda não medram as lições sublimes do Evangelho de Jesus interpretadas à luz do Espiritismo...

Um tipo de auxílio de forma alguma impede a realização de outro, razão pela qual se defrontam fenômenos de dois significados – falantes e escritos – em pessoas desinformadas que recorrem aos procedimentos que lhes estão ao alcance, conforme o estágio espiritual em que se encontram.

Nesse intercâmbio de energias, mais ou menos equivalentes, aquelas que procedem dos médiuns predominam durante o curso fenomênico, diminuindo a densidade daquelas tóxicas, desse modo, minimizando-lhes os efeitos perniciosos.

Concomitantemente, o esclarecimento verbal e a emissão da ternura, da compaixão e do amor, envolvendo o enfermo desencarnado inconsequente, revitalizam-lhe os campos energéticos, encarregando-se de eliminar os resíduos venenosos...

Ouvindo as diretrizes novas e exteriorizando os conflitos e as falsas necessidades, a catarse oportuna liberta-o da opressão emocional e do sofrimento de todo jaez, enquanto lhe é ensejada a visão de novos horizontes que podem ser conquistados de maneira mais fácil do que imagina.

A perda lenta das tormentosas sensações enseja a percepção de emoções esquecidas e renovadoras, que passam a ampliar-se nas áreas antes agredidas, ora proporcionando-lhe bem-estar e paz.

A realidade do Espírito e sua imortalidade são indefiníveis nos termos convencionais, pelo facultar de alegria interior e contínuo desaparecimento das torpes constrições morais até então padecidas.

Da mesma forma que a indumentária carnal experimentou complexas transformações após a ocorrência da morte, as fixações defluentes de igual maneira diluem-se e desintegram-se, liberando o Espírito dos condicionamentos prejudiciais a que se encontra exposto.

Para que se lhe fixem as novas experiências, o pensamento direcionado para outras faixas vibratórias, nas quais se vitalizará, diminui-lhe a densidade do invólucro perispiritual, facultando-lhe a permanência nas regiões mais elevadas, onde predominam o trabalho e a harmonia.

Nesse ínterim, lidadores da educação moral passam a contribuir, no Mundo espiritual, com técnicas especiais de anulação das forças grosseiras vitalizadas, enquanto as emoções de beleza, de aspiração superior de natureza íntima substituirão aquelas que o asfixiavam, submetendo-o à desdita.

Naturalmente, esse processo transformador opera-se ao largo do tempo e através do concurso do paciente e dos agentes encarregados da sua libertação.

Nesse comenos, sucedem, compreensivelmente, alguns incidentes que resultam da mente viciada, que antes se comprazia nos deleites morbosos, sustentando o círculo pestoso das sensações grosseiras que reaparecem, gerando conflitos.

O interesse, porém, na autocura, na permanência das atitudes mentais saudáveis em torno dos desejos nobres, reergue o desfalecente, impulsionando-o ao prosseguimento do recurso terapêutico em uso.

Ideal, seria, evidentemente, que esse despertar para a realidade de si mesmo e sua imortalidade tenha início durante a própria vilegiatura carnal, graças à emissão de pensamentos portadores de cargas vibratórias elevadas, conseguindo alterar os impulsos de natureza animal, e mediante a disciplina mental, bem como de natureza moral, transformá-los em emoções de amor, de fraternidade, de educação e de paz.

Adaptando-se o Espírito aos padrões de equilíbrio, a sua reencarnação exitosa, além de facultar-lhe o desenvolvimento intelecto-moral, passa a experimentar as inefáveis satisfações decorrentes da sintonia com as Esferas do bem e seus habitantes, com os quais conviverá, não apenas psíquica, mas fisicamente também.

Antes do encerramento dos trabalhos espirituais de socorro, o benfeitor Philomeno de Miranda trouxe à comunicação psicofônica, o Espírito que passou a narrar a sua experiência, conforme transcrevemos:

DESPERTAR ANGUSTIANTE

Bondosos amigos:
Fui convidado a narrar a minha experiência, que o faço com gratidão a Deus.

É-me doloroso, porque ainda não me libertei totalmente dela.

Mas, há um brocardo popular que afirma: tal vida, tal morte.

Vivi uma existência extenuante.

A sensação que permanece na minha memória é de alguém que estivesse dentro de um escafandro pesado, ao qual se acostumou durante muito tempo.

Com uma visão limitada e dominado pela retenção dos movimentos, a área das experiências era muito reduzida.

Senti sempre a força das sensações orgânicas e, naturalmente, entreguei-me aos prazeres licenciosos com arrebatamento até quase à exaustão.

O hábito, também afirmam os ditados populares, é uma segunda natureza, tornando-se tão poderoso que se transforma em automatismo sem necessidade de reflexão para expressar-se.

Vivi sessenta anos no domínio da carne, e somente me dei conta da morte pelo acumular das angústias e mais tormentos ao que antes experimentava...

A mente nublada não me permitia identificar o que houvera acontecido.

Sentia-me no leito do hospital, picado por injeções contínuas, experimentando a debilidade orgânica, mas também a sede, a fome e os apetites não satisfeitos.

Um desespero crescente assolava-me de contínuo, sem poder entender o que sucedia.

Um dia, inesperadamente, senti-me arrastado ou atraído por uma força incoercível a esta sala. E, ao deblaterar, na minha ignorância, experimentei diferentes sensações que me chibateavam, enquanto escutava explicações que não conseguia entender.

A verdade é que, logo depois, sentindo-me algo melhor, tive a sensação de perder algumas camadas do que eu considerava um escafandro, facultando-me adormecer...

Nesse sono tumultuado pelos sonhos infames das minhas dissipações, continuei sofrendo até o momento em que acordei visitado por um médico que gentilmente me explicou a ocorrência da morte sem a perda da vida.

Novamente fui trazido aqui e, ao conseguir externar o meu pensamento, sentia como se uma força benéfica saísse da pessoa que traduzia minha palavra, desgastando as camadas mais internas que me faziam estertorar.

Passei a bendizer meu novo corpo, menos grosseiro que o anterior, agora sem a carga tóxica e pesada, que eu exteriorizava, proporcionando-me mudança estrutural, graças a cuja colaboração passei a assimilar melhor as instruções que me eram ministradas.

Despertei, então, para a vida, que, teimosamente, sempre considerei ser a de natureza orgânica.

Hoje, gostaria de bendizer a todos que me proporcionaram o entendimento da realidade espiritual, oferecendo-lhes pensamentos de amor e de retidão.

Tenho sido submetido a tratamentos muito cuidadosos no hospital onde fui colocado para extirpar as tomadas de energia infeliz que condensei no corpo perispiritual.

Quando Deus me outorgar o novo retorno, levarei comigo outros agentes pensantes e farei da matéria bendita, não mais um escafandro pesado, senão um corpo airoso que possa flutuar na densa psicosfera da carne.

Que Deus multiplique as forças do bem em cada um dos senhores, para que continuem doando energias que se expandem da oração e dos sentimentos em favor dos infelizes como eu, que aqui são trazidos em grande necessidade.

Praxedes Pacífico

(Páginas recebidas pelo médium Divaldo Pereira Franco, na sessão da noite de 18 de janeiro de 2006, no Centro Espírita Caminho da Redenção, em Salvador, Bahia.)

Este livro foi impresso na
LIS GRÁFICA E EDITORA LTDA.
Rua Felício Antônio Alves, 370 – Bonsucesso
CEP 07175-450 – Guarulhos – SP
Fone: (11) 3382-0777 – Fax: (11) 3382-0778
lisgrafica@lisgrafica.com.br – www.lisgrafica.com.br